영화로 보는 아동인권 이야기

가장 작은 자를 위한 약속

영화로 보는 아동인권 이야기

가장 작은 자를 위한 약속

김인숙 · 이선영

국민북스

추천사

이 책은 유엔아동권리협약을 국내에 처음 소개한 김인숙 국제아동인권센터 이사와 이선영 초록우산 어린이재단 팀장이 영화를 매개로 쉽고 탁월하게 풀어낸 아동인권 이야기입니다. 흥미진진한 영화 줄거리를 따라 읽다 보면 아동인권 감수성이 조금씩 움트는 경험을 하게 될 것입니다. 일련의 아동학대 사건으로 아동인권 중요성이 다시금 부각되는 요즘입니다. 저자의 말처럼 아이들을 어둠이 아닌 빛 가운데 있도록 하는 일은 우리 사회 모두의 책임입니다. 법조인, 사회복지사 등 아동 문제를 다루는 전문가들에게 이 책의 일독을 권합니다.

양민경(국민일보 기자)

같은 영화 다른 느낌, 재미에 의미를 더한 책! 한 편의 영화를 각자의 인권적 시각으로 재해석한 글은 아는 영화임에도 불구하고 다른 영화를 보는 듯한 신선한 재미가 있습니다. 또한 저자의 다양한 질문은 익숙한 세상에 길들여진 나를 돌아보게 만듭니다. 가정과 직장에서 매일 만나는 아동과 함께 살아가는 방법에 대해 고민하는 모든 분들에게 이 책이 유익한 길잡이가 될 것이라고 확신합니다.

조재옥(어린이집 원장·서울시어린이청소년인권 강사)

최근 미디어를 통해 소개되는 아동의 이야기는 안타까움과 함께 아동단체 종사자로서 무거운 책임을 느끼게 만듭니다. 우리 사회에서 아동을 바라보는 관점과 아동 중심의 가치판단이 얼마나 중요한지 모릅니다.

이 책은 영화 속에 숨은 아동인권의 이야기가 존경하는 두 분의 언어를 통해 알기 쉽게 설명되어 있습니다. 아동을 만나는 모든 이들에게 꼭 소개하고, 같이 나누고 싶은 책입니다. 아동 관련 종사자들에게 유익한 길잡이가 될 것입니다.

존경하는 두 분께 감히 후속 시리즈를 부탁드리고 싶습니다. 무리한 부탁일까요. 이 책의 메시지가 세상에 더 많이 알려지길 기대하며, 기성세대가 경험하고 인식한 아동이 아닌 오늘도 치열하게 일상을 살아내야 하는 지금의 아동을 제대로 주목하는 성숙한 어른들과 사회가 되길 소망해봅니다.

차용기(초록우산 어린이재단 서울아동옹호센터 소장)

영화를 함께 보는 것은 새롭게 시작하는 연인들에게 빼놓을 수 없는 단골 코스입니다. 인연을 새롭게 시작하려는 이들이 영화를 택하는 이유는 단지 시간을 때우기 위함이 아니라 같은 것을 보고 생각을 나누며 서로에 대한 이해도를 높이기 위함일 것입니다. 그래서 영화를 보고 '아, 이 사람은 이 영화를 어떻게 봤을까?'라는 생각이 드는 것은 그 사람의 가치관과 세계관을 공유하고 싶은 마음이 큽니다.

만약 '아동인권'이라는 사람이 있고, 그와 영화를 보고 생각을 나누고 알아가고 싶다면, 이 책이야말로 그 소원을 현실로 바꾸어 줄 것입니다. 아동인권으로 체화된 두 사람을 통해 전달되는 영화 이야기 그리고 함께하고 싶은 이들에게 던지는 생각거리까지 말입니다. '아동인권의 관점'으로 영화를 보고 싶은 이들에게 이 책은 좋은 길잡이가 될 것입니다.

정병수(전 국제아동인권센터 사무국장)

영화관 스크린을 통해 본 자인보다 책을 통해 보는 자인이 더 생동감이 있고, 나 홀로 만난 메이지보다 두 저자를 통해 만난 메이지가 더 빛나고 사랑스럽습니다. 한 편의 영화, 같은 듯 다른 두 저자의 시선은 아동이 다양한 인권의 이슈를 지닌 입체적 존재임을 잘 보여줍니다.

저자들은 아동의 입장에서 가정, 마을, 학교, 국가의 책임을 묻고 의무이행자인 어른들의 역할에 대해서도 질문을 던집니다. 누구나 쉽게 접할 수 있는 영화를 매개로 아동인권이 다뤄야 할 주요 가치와 내용을 이 책은 충실히 담아내고 있습니다. 아동의 인권을 지키고 옹호하고픈 사람이라면 필독을 권합니다. 영화 밖 아동들이 처한 현실을 인권의 눈으로 바라보고 이해하는데 좋은 길잡이가 될 것입니다.

옥정은(아동인권옹호전문가 · 인천복지재단)

두 여성, 영화에서 아동인권을 보다

만남에서 시작된 변화

어느 날 두 여성이 만났다. 같은 점보다는 다른 점이 더 많은 두 사람의 만남이다. 이들의 관계가 어떻게 발전될지 아무도 예측하지 못했다. 서로 다른 일터에서 일했다. 이들이 일하는 일터 역시 외형적으로 많은 차이가 있다. 대형 비영리민간기관에서 자신의 전공을 살려 부족함 없이 일하던 여성이 작은 한 NGO를 찾아온 것이다. 아동옹호팀 팀장의 직임을 새로 받고 잘 해내고 싶어서 '아동인권옹호 전문가 교육훈련과정'에 참여하길 원해서 왔다고 했다. 2014년 초반이었다. 그렇게 시작된 만남이 오늘에 이르고 있다. 이 만남은 우연이 아니었다. 나는 이 만남이 섭리(Providence)였음을 믿는다.

1997년 유엔 사무총장이었던 코피 아난은 유엔 시스템 전반에 인권의 주류화를 요청한 바 있다. 이를 계기로 유엔 기구들을 비롯한 각국 정부나 비영리 민간 기구들이 인권의 주류화를 도입하기 시작했다. 한국 사회도 국제적 동향에 맞추어 '인권에 기반한 접근'으로 변화되는 추세이다.

2014년 두 사람, 김인숙과 이선영의 만남은 두 기관의 만남으로 발전되었다. 국제아동인권센터는 초록우산 어린이재단의 구성원들을 위한 '아동권리 민감성 교육과정'을 개발하여 아동인권 교육훈련 사업을 워크숍 형태로 1년에 5회 정도 진행하기 시작했다. 숙박교육이라는 이점을 살려 교육 내용 안에 인권감수성 향상을 위한 특별한 컨텐츠도 포함했다. '함께 영화 보고 아동권리 관점에서 영화감상문 쓰기'였다. 워크숍을 통해 학습한 아동인권에 관한 지식과 정보, 그리고 기술을 기반으로 영화 감상문을 쓴다. 재미도 있고 인권감수성 향상에 미치는 영향도 기대되는 프로그램이다. 지난 7년간 초록우산 어린이재단과 국제아동인권센터는 만남을 통해 조직 운영 전반에 있어 '인권에 기반한 접근'으로 서서히 방향을 전환해 나가는 과정을 함께했다.

언젠가부터 두 사람은 만나면 누가 먼저랄 것 없이 영화 이야기를 했다. 각자 관람한 영화에서 만난 아동의 이야기는 곧바로 아동인권 옹호 문제와 연결되곤 했다. 무슨 영화를 보더라도 그랬다. 세상에서 흔히 말하는 혈연, 지연, 학연 등 그 어떤 것과도 상관없이 만났

다. 서로 같거나 비슷한 점이라곤 거의 없는 두 사람의 우정은 깊이
를 더해갔다. 이 둘 간에 하나의 공통점이 있다면 '아동'에 대한 관심
과 사랑이었다.

　2019년 새해가 막 시작되던 무렵 사무실 근처의 한 카페에 두 사
람이 마주했다. 영화를 통해 만난 아동의 이야기를 사람들에게 알리
는 문제를 고민했다. 아동인권감수성을 통해 지금 한국 사회에 너무
나 빈번하게 일어나는 아동인권 침해 이슈를 예방하고 줄여나갈 수
있는 길은 없을지 이야기를 나누었다. 의기투합하여 가장 쉽고, 빠
르고 즐겁게 우리의 사명을 감당하는 방법의 하나로 우리가 영화를
보며 나눈 이야기들을 책으로 만들어 세상에 퍼트려 보자고 마음을
모았다. 그동안 우리는 수많은 영화를 보았고 감상문을 썼다. 그중
에서 우리가 함께 관람한 영화 12편을 선정했다. 같은 영화를 봤지
만 두 사람의 관점은 똑같지 않았다. 그래서 더 의미 있고 재미있었
다. 누가 맞고 틀리고가 아닌, 서로 다른 관점을 보면서 더 많이 배
울 수 있었다. 우리는 우리가 함께 보고 각각의 관점을 적은 영화 감
상을 책으로 만들면서 우리 책을 읽는 독자들도 우리와 다른 관점을
이야기하며 더 많이 배울 수 있는 장이 열릴 것이라 믿게 되었다.

　이 책이 코로나19 팬데믹 시대에 태어나리라곤 생각하지 못했다.
학교에 가고 교회에 가고 영화관에 가고 음악회에 가는 일이 제한받
게 되리라고 생각하지 못했다. 비록 많은 만남이 제한받고 있다 하

더라도 이 책과의 만남의 길은 열려있다. 가정에서 가족들끼리 모여앉아 영화를 보고 느낌과 관점을 토론하고 함께 배우는 자료로 쓸 수 있다. 아동·청소년기 자녀를 둔 부모들이 이 책을 이용하여 자녀들과 마음을 열고 대화하며 토론하는 장을 만들고 서로의 생각과 관점의 다름을 존중하면서 함께 즐기고 배우는 기회를 만드는데 유용할 수 있다. 또한 지역사회 복지관이나 지역아동센터, 자치문화센터 등에서 소그룹이 모여 함께 영화 보고 민주주의 참여식 토론 문화를 구축하는 안내서가 되면 더없이 기쁜 일이다. 이 작은 책이 우울한 코로나 시대를 함께 극복해 나가며 희망을 보는데 기여할 수 있기를 소망한다.

2020. 6. 20
김인숙

영화 속 아이들과의 설레는 만남

"영화 같다"라는 말은 믿기지 않을 만큼 좋거나 나쁠 때 주로 쓰인다. 최근 현실 속 아동들의 삶에 이 수식어를 붙이는 경우가 많아지고 있는데 좋은 상황에 대한 비유로 쓰이기보다는 비현실적으로 나쁜 상황에 놓이거나 믿어지지 않을 정도로 안타까울 때 사용되는 경우가 더 많아 보인다. 영화 같아진 아동들의 삶을 접할 때마다 무력감을 느끼고 좌절하기도 한다. 하지만 아동들의 삶이 다른 의미에서 영화 같아지기를 꿈꾸며 우리는 계속 영화를 본다.

이 책은 우리와 같은 꿈을 꾸는 사람들, 아동이 살기 좋은 세상을 꿈꾸는 사람들을 위한 책이다. 〈칠드런 액트〉 속 애덤의 끝없는 질문에 귀를 기울이고, 〈우리집〉 속 하나의 불안한 눈빛을 알아채고, 〈메이지가 알고 있었던 일〉에서 힘차게 뛰어가는 메이지의 삶을 응원하는 세상, 폭력과 전쟁이 아이들의 삶을 위협하지 않는 세상, 죽음을 미리 두려워하지 않아도 되는 세상을 바라는 사람들과 함께 읽고 싶은 책이다. 영화 몇 편 본다고 세상이 달라지지 않겠지만 영화 몇 편이 내 삶을 달라지게 할 수는 있다고 우리는 믿는다. 그리고 달라진 우리는 아이들의 '우리'가 되어줄 수 있다고 믿는다.

영화 속 아이들을 만나는 일은 언제나 설렌다. 그 만남이 행복할 때도 있고 때로는 눈물이 쏟아지도록 가슴 아플 때도 있지만 항상 기다려지는 일이다. 영화 속에는 우리가 미처 발견하지 못한 세상에서 살고 있는 아이들의 이야기, 우리가 가보지 못하는 시대 속 아이들의 삶, 그리고 아이들 편에 서 있는 감독의 목소리가 있기 때문이다. 〈가버나움〉의 자인, 〈줄무늬 파자마를 입은 소년〉의 브루노, 〈보희와 녹양〉의 보희 그리고 〈우리들〉의 선… 영화 속 아이들이 우리가 아동을 더 사랑하는 사람이 될 수 있도록 도와주기 때문이다.

우리가 영화를 보며 발견한 이야기와 질문들은 아동권리에 관한 지식을 학습하기 위한 것도 아니고 아동이 잘사는 세상을 만들기 위한 해답은 더더욱 아니다. 영화 〈가버나움〉에서 자인은 "사랑받고 존중받는 세상에서 살고 싶었다"고 말한다. 이 책은 자인이 꿈꾸는 그 세상, 모든 아동이 사랑받고 존중받는 그 곳에서 아이들과 함께 살고 싶은 우리의 마음을 담은 작은 이야기이다. 이 책을 읽는 분들이 영화나 신문을 볼 때, 그리고 일상 속에서 아이들을 만날 때 아동의 삶과 권리에 대한 이야기를 나누어 주시기를 소망한다.

이 책이 아이들의 삶 속으로 떠나는 여행의 길잡이가 되기를, 아이들을 사랑하는 방법에 대한 작은 안내서가 되기를 바란다.

2020. 6. 20

이선영

목차

칠드런 액트 | 감독 **리처드 이어, 2018**

1. 아동을 위한다는 것

아동은 18세 미만의 모든 사람을 말한다.

유엔아동권리협약 제1조

아동의 생명, 그리고 존엄

영화 제목이 '아동 법'(칠드런 액트·The Children Act)이다. 아동 인권 관련 현장에서 만나는 많은 사람들은 왜 '아동 법'이 필요한지 묻는다. 아동도 인간이고 인간 모두를 위해 만든 법이 많은데, 왜 특별히 아동만을 위한 '아동 법'이 따로 필요할까? 유엔아동권리협약은 아동을 '만 18세 미만의 모든 사람'으로 정의한다. 협약은 만 18세 미만의 모든 사람의 인권 문제를 다루는 국제적 준거다. 〈칠드런 액트〉는 만 17세 9개월 된 '애덤 헨리'의 문제를 다룬다. 특정 종교를 가진 부모에게 태어난 애덤은 모태신앙으로 믿음을 지키며 산다. 그것이 가치 있고 명예로운 일이라고 믿는다. 무엇보다 신과의 약속을 지키는 것을 '존엄한 일'로 여긴다. 애덤은 백혈병 환자로 수술과 수혈이 불가피하다. 하지만 종교적인 이유로 애덤의 부모와 애덤 모두 수혈을 거부한다. 애덤의 생사가 달린 이 사건은 의료진에 의해 법정에 오른다.

존경받는 가정법원 판사 피오나 메이는 한 아동의 생사 문제가 달린 이 사건을 올바르게 판결하기 위해 최선을 다한다. 관련된 정보와 지식을 모아 연구하고, 퇴근 후에도 집으로 서류 뭉치를 들고 가 연구하며 철저히 준비한다. 애덤 헨리의 생사가 달린 문제 앞에서 메이 판사는 특단의 조치를 취한다. 이례적으로 법정을 벗어나 애덤이 입원하고 있는 병원 중환자실을 방문한다. 당사자인 애덤의 생각과 마음을 알아보기 위해서다.

노련한 판사 메이와 죽음을 앞둔 애덤의 만남은 인상적이다. 성숙하고 경륜이 많은 판사지만 만 18세가 안된 한 아동이 스스로 내린 중대한 결정에 어떤 판단이나 훈계도 없다. 삶과 음악, 시에 대해서 함께 이야기 나눈다. 애덤의 침대 곁에 놓인 기타를 쳐보라고 한다. 애덤이 더듬더듬 연주를 시작하자 메이는 그 음에 맞추어 시인 예이츠의 시를 노래한다. 아주 짧은 만남이지만 애덤에게 긴 여운을 남긴다. 메이 판사와의 만남을 통해 아동은 지혜의 눈을 뜨고 앞으로 다가올 삶의 아름다움에 대한 소망을 품는다. 법정으로 돌아온 메이 판사는 판결을 내린다. "아동의 양육과 관련된 사안을 판결할 때 법정은 아동의 복지를 무엇보다 우선으로 고려해야 한다"라는 아동 법 제1조 (a)항을 근거로 선고한다. 애덤 헨리의 사건에서는 아

동복지를 고려할 때 치료받고 수혈받아 생명을 살리는 일이 최우선
이라는 판결이 내려졌다. 그리고 판사는 선포한다. "그의 '존엄' 보다
그의 '생명'이 더 중하다." 이 판결에 따라 애덤 헨리는 수술을 받고
회복된다. 퇴원한 애덤은 자기를 죽음에서 생명으로 이끌어 준 메이
를 흠모하고 따른다. 예술에 눈을 뜨고 시를 쓴다. 그러나 꿈과 현실
은 확연히 다른 것. 다시 자신의 삶에 혼란과 좌절을 맛본다. 그리고
그의 병이 재발한다. 애덤은 이제 만 18세가 넘은 성인으로서, 법이
내려주는 판결이 아닌, 스스로 자신의 선택권과 결정권을 행사한다.
결국, 자신의 생존권을 스스로 포기한다. 치료를 거부하고 생을 마
감한다.

  영국의 아동법 '칠드런 액트'(The Children Act)는 1989년에 제정
되었다. 유엔아동권리협약이 유엔에서 채택된 때와 같은 해다. 유

엔아동권리협약은 아동을 권리의 주체자로 천명하고 의무이행자들의 책무성을 강화하여 아동의 복지가 향상되도록 제정되었고, 2019년 8월 현재 총 196개국이 비준하였다. 그러나 이 협약이 이행되기 위해서는 유엔아동권리협약이 명시하고 있는 아동의 권리가 아동의 삶의 현장에서 실현되도록 협약 비준국들이 국내법을 제정하거나 개정하여 아동의 권리가 존중되고 이행되고 보호되도록 촉구해야 한다. 그런 맥락에서 영국의 국내법인 아동법이 협약 채택과 같은 해에 제정되어 시행되어왔다는 사실에 주목한다. 법이 온전히 인권을 보장해준다고 생각할 수는 없다. 그러나 법적인 기준이 명확하게 명시된 경우 법적으로 제재를 가하므로 사람의 생명을 구할 수 있다. 영국의 아동법이 애덤 핸리의 생명을 구했다.

이 영화는 우리에게 또 다른 면에서 시사점을 준다. 바로 아동의 문제를 다루는 법 전문가의 사명감과 일하는 자세이다. 영화 속 메이 판사는 법적인 전문성은 물론, 아동을 이해하려는 노력이 돋보이는 인물이다. 판사, 검사, 조사관, 변호사, 경찰 등 다양한 분야에서 아동의 문제를 다루게 될 아동 관련 법 전문가들이 자신의 업무와 관련된 전문성은 물론, 아동을 보는 관점, 아동의 발달단계와 특성에 관련하여 깊이 연구하고 이해하려는 노력을 통해 전문적 소양을 쌓고 발휘하길 바라는 마음 간절하다. 한 아동에 대한 판결이 아동의 생사를 가름하는 결정이 될 수 있기 때문이다.

한 걸음 더 들어가기 ↻

아이들이란 그대들을 거쳐왔을 뿐 그대들의 소유는 아니다.

비록 지금 그대들과 함께 있을지라도 아이들이란 그대들의 소유는

아니다.

칼릴 지브란, '예언자'

1999년 '그것이 알고싶다'라는 TV 프로그램에 '빗나간 믿음 - 자식의 치료를 거부한 부모'가 방영되었다. 소아암을 앓고 있는 한 아동의 모습은 처참했다. 촬영 당시 아동은 9세, 몸무게는 20kg. 몸 안의 종양 무게만 5kg이었다. 종양으로 인해 뼈만 앙상한 아동은 만삭의 임신부처럼 배가 부른 모습이다. 믿음 때문에 부모는 자녀를 병원이 아닌 기도원에 데려갔다. 암이지만 당시 의료 수준으로 적절한 시기에 치료받고 종양을 제거한 후 약물치료를 받으면 완치가 가능한 상태였다. 치료 시기를 한참 놓친 아동은 사회단체의 적극적인 개입과 여론에 밀려 뒤늦게 치료를 받았지만 2002년 사망했다.

당시 이 사례에 깊이 개입했던 한 사회복지사는 부모가 아동의 치료를 완강히 거부해도 아동을 살려야 하니 강제입원을 시켜야 했지만, 친권자의 뜻에 반하는 강제입원을 강행할 수 있는 법적 근거를 찾지 못해 안타까워했다. 급기야 사회단체와 언론매체의 여론조성으로 공분을 사게 되어 뒤늦은 병원 치료가 시작되었다. 상태가 점차적으로 호전되는 듯했으나 종양이 전이되어 결국 2002년 5월에

아동은 사망한다. 많은 사람이 안타까워했다. 그로 인해 큰 교훈을 얻기도 했다. 이 사건을 계기로 아동복지법이 개정되었다. 영화를 통해 본 애덤 핸리의 사례와 한국의 김신애(가명) 사례는 우리 모두에게 많은 생각거리를 제공한다.

Q 생각을 나누기 위한 질문

◉ 아동인권 보장에 대한 부모, 이웃, 지역사회, 국가의 책무성은 어떻게 강화되고 실현될 수 있을까?

◉ 애덤과 신애 부모의 빗나간 믿음은 어디에 기인하는 걸까?

◉ 아동의 생존권 보호권 발달권 참여권 모두를 침해한 의무이행자 부모에게 어떻게 책임을 물어야 할까? 애덤과 신애 사례를 통해 우리가 얻은 교훈은 무엇인가?

김인숙

우린 누구나 어리고 어리석은 존재일 뿐

영화 〈칠드런 액트〉 속 소년 애덤이 어른들과 세상을 바라보는 모습은 마치 세상 밖으로 처음 나와 모든 것을 신기해하는 아이의 눈빛과 닮았다. 백혈병에 걸렸지만 종교적 신념 때문에 수혈을 거부하고 있던 애덤에게 수혈을 할 것이냐 말 것이냐에 대한 판결을 앞두고 애덤을 찾아와 그에게 말을 걸고, 이야기를 경청하고, 노래도 불렀던 메이 판사를 바라보는 애덤의 모습은 태어나자마자 처음 본 존재를 어미라고 생각하고 따르는 어린 동물의 모습과 겹쳐진다.

메이 판사가 '존엄성보다 생명이 더 소중하다'는 판결문과 함께 애덤에게 수혈할 것을 결정한 후 건강을 회복한 애덤은 메이를 계속 찾아와 말을 건다. "궁금한 게 많아요, 이야기를 좀 해요, 뭘 믿어야 하죠?, 왜 어떤 노래엔 샵(#)이 두 개죠? …" 메이 판사를 만나고, 수혈을 받게 되면서 새로운 세상을 마주한 애덤은 궁금한 것도, 확인하고 싶은 것도 너무나 많다. 하지만 방황하는 애덤의 마음을 헤아리지 못하는 아버지는 "뭐가 문제냐?"고 물을 뿐이다. 메이 역시 나이에 맞지 않는 질문을 쏟아내는 애덤을 피하며 이제 건강을 되찾았으니 무슨 일이든 하면 된다고, 이제 자신을 그만 찾아오라고 이야기한다. 어른들에게 애덤은 몇 달 후면 성인이 되는 열일곱 살 소년으로 보일 뿐이다.

애덤은 새롭게 만나는 세상에 대한 호기심과 열정이 가득하다.

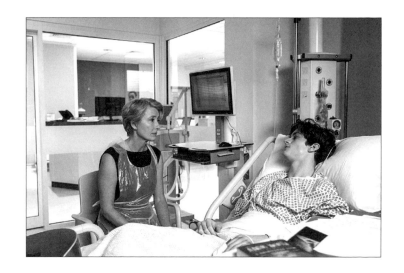

그러나 답을 찾지 못한 채 늘어만 가는 수많은 질문들에 짓눌려 지쳐간다. 애덤은 누구에게도 들려지지 않는 말들을 계속 건넨다. "저는 속았던 것 같아요, 전부 다 사기였어요, 저한테 왜 그러셨어요? …" 결국 열여덟 번째 생일이 지나 성인이 된 애덤은 백혈병이 재발했지만 수혈을 거부한다. 죽어가는 그의 모습을 보고 돌아온 메이는 애덤이 부담스러워 피했던 행동에 대해 후회의 눈물을 흘리며 남편에게 말한다. "그는 그저 아이였다"고. "그저 사랑스러운 소년일 뿐이었다"고.

열여덟 살이 되면 모든 성장이 멈추고 가치관이 완성되어서 성인이라고 부르는 것이 아니다. 열여덟 살이 되기 전까지의 아동이 모두 미성숙하고 항상 보호만 받아야 하는 존재가 아닌 것처럼 말이다. 인간은 사는 동안 늘 변화한다. 때로는 애덤처럼 그동안 믿고 있던 것들에 균열이 가고, 자신이 소중하다고 믿던 것들이 더 이상 소중해지지 않는 순간을 만난다. 무엇이 옳은지 도대체 그 기준은 누가 어떻게 정하는 것인지 애덤이 혼란스러워했던 것처럼 말이다. 나이와 상관없이 아이나 어른 모두에게 일어나는 일이다.

야누시 코르차크는 어른들도 낯선 마을이나 이상한 장소에 가게 되면 자연스럽게 아이들과 똑같이 행동할 것이라고 말했다. '아이라서' 질문이 많은 것이 아니고, '어른이니까' 모든 것을 알아야 하는 것도 아니다. 흔들리고 변화하는 것은 부끄러운 일도, 특정 시기에만 해야 하는 일도 아니다. 신체적·정신적으로 미성숙하다는 이유로 아동을 의존적인 존재, 보호받아야 하는 존재로 생각하기 쉽다. 하지만 성장이 완성되는 나이, 누구에게도 의존하지 않아도 되는 시기가 과연 있을까?

메이 판사는 죽음을 앞둔 순간에도 자신의 병실 한쪽에 기타를 놓아둔 애덤의 모습을 보며 그의 삶에 대한 열정과 세상에 대한 호기심을 발견해냈고, 애덤은 메이 판사와의 만남 이후 열정적으로 세상을 탐구하기 시작한다. 애덤이 쏟아냈던 질문들이 주변 어른들에게 환영받았다면, 애덤이 아이처럼 퇴보하는 듯 보이지만 그 또한 성장의 과정이라는 것을 세상이 알았다면 애덤은 보다 덜 외롭고 덜 혼란스럽지 않았을까?

우리 모두는 미성숙한 존재이기 때문에 날마다 함께 성장할 수 있는 존재들이기도 하다. 영화 속 메이가 애덤에게 불러 주었던 노래 '샐리 가든'(Salley Gardens)의 가사처럼 우린 누구나 어리고 어리석은 존재일 뿐, 그럴 땐 서로의 어깨에 기대는 수밖에 없다.

한 걸음 더 들어가기 ⤵

아이들을 대할 때 나는 두 가지 감정을 느낍니다. 지금의 모습에 대한 사랑과 앞으로의 모습에 대한 존경!

야누시 코르차크, '야누시 코르차크의 아이들'

야누시 코르차크는 '모르겠다'는 말이 얼마나 신비하고 창조적인 상태인지 모든 사람이 깨닫고 이 상태를 사랑할 수 있게 가르치고 싶다고 했다. 진리에 이르는 새로운 통찰은 '모르겠다'는 말에서 시작된다고도 했다. 하지만 '내 나이답게, 어른다움'과 같은 말들이 저마다의 '모르는' 상태를 솔직하게 드러내거나 모르는 것에 대해 질문하는 일을 가로막기도 한다. 질문을 하는 사람의 자격, 대답할 수 있는 사람의 위치가 정해져 있지 않음에도 불구하고 나이에 대한 고정관념, 사회적 관계, 위계 등이 도움을 주고받으며, 함께 변화할 기회를 차단하기도 한다.

유엔아동권리협약은 모른다는 것에서 시작되는 무한한 가능성과 잠재력을 '아동의 진화하는 능력'(Evolving Capacity)으로 설명한다. 아동이 자신만의 속도와 방향으로 날마다 성장하고 있다는 것을 믿어야 한다고 강조하고 있다.

아동뿐 아니라 날마다 변화하며 성장 중인 서로를 '앞으로의 모습에 대한 존경'으로 대하는 노력이 필요하다.

ⓠ 생각을 나누기 위한 질문

◉ 아동은 미성숙해서 보호가 필요한 것일까? 아니면 보호받아야 하는 존재로만 여겨지기 때문에 미성숙한 것일까? 미성숙하다는 것은 누구의 기준일까?

◉ 야누시 코르차크는 아동인권선언이 필요하다고 주장하며 중요한 사상을 소개했다. '어린이는 실수할 권리가 있다, 어린이는 실패할 권리가 있다, 어린이는 한 번 정도 거짓말하고 속이고 물건을 훔칠 권리가 있다'가 그 일부이다. 아동의 실수할 기회, 미성숙함을 있는 그대로 인정받을 권리가 담긴 '아동인권선언'을 지금 다시 만든다면 어떤 항목을 추가할 수 있을까?

이 선 영

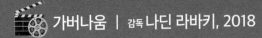

가버나움 | 감독 나딘 라바키, 2018

2. 가장 작은 자를 위한 가장 큰 약속

보편적 인권은 우리집에서 가까이 있는,

너무 작아서 세계지도에도 표시되지 않는 작은 곳에서부터 시작합니다.

엘리너 루스벨트, '세계인권선언 10주년 연설'

왜 가버나움인가?

영화 〈가버나움〉은 레바논의 수도 베이루트의 한 빈곤 가정의 아들 '자인'에 관한 이야기다. 부모는 있는데 자인의 존재를 증명하는 출생증명서가 없어, 정확히 몇 살인지 알 수 없다. 치과 의사가 내린 의료적 소견에 따라 12살 소년으로 추정할 뿐이다. 자인은 학교에 다닌 적이 없다. 시장 바닥을 헤매며 노동을 해서 벌어들인 돈과 얻은 음식으로 부모 대신 동생들을 돌본다. 부모는 자인의 열 한 살 된 여동생 사하르가 초경을 하자, 시집갈 나이가 됐다며 나이 많은 이웃 가게주인 아사드에게 딸을 팔다시피 결혼시킨다. 오빠 자인은 사력을 다해 동생을 구하려 하지만 역부족이다. 절망감으로 자인은 그

나마 노동을 하고 요기를 하며 동생들과 뒤엉켜 잠을 잘 수 있던 둥지인 집을 떠난다.

길에서 방황하던 자인은 에티오피아 출신 불법 체류 여성 라힐을 만난다. 그녀에겐 한 살 된 아들 요나스가 있다. 일을 해서 아기와 함께 먹고살아야 하는 라힐은 일터로 요나스를 데려가 숨겨놓고 일하며 틈나는 대로 아기에게 젖을 물린다. 열악한 삶의 터전마저 팽개쳤던 자인은 한 살 된 요나스를 가족처럼 돌보고, 라힐은 안정적인 상황에서 일을 계속할 수 있게 된다. 이 만남으로 자인은 가족의 따듯한 정과 배려의 마음을 처음으로 느낀다. 어느 날 불법 체류 중인 라힐이 일하러 나갔다가 검거되어 요나스와 자인이 기다리고 있는 집으로 돌아오지 못한다. 자인은 라힐이 왜 집에 돌아오지 않는지 이유를 모른 채 요나스의 보호자가 되어 라힐을 찾아 헤맨다. 이 과정에서 자인은 요나스를 위해 할 수 있는 모든 일을 한다. 자인을 낳았으나 의무와 책임을 저버린 자인의 부모의 무책임과 대비를 이루는 모습이다.

자인은 우연히 길에서 만난 또래 소녀인 메이소운에게서 더 좋은 나라로 가서 살 수 있다는 이민 정보를 얻게 된다. 그리고 이민을 가려면 서류가 있어야 한다는 것도 알게 된다. 자인은 자신의 출생 신분을 증명할 서류가 집에 있으리라 믿고 집으로 향한다. 돌아온 집에서 자인은 자신의 존재를 증명할 서류 같은 건 없다는 걸 알게 된다. 그리고 시집간 여동생의 사망 소식을 듣는다. 어린 나이에 임신한 사하르는 하혈로 병원에 갔으나 출생 신분이 증명되지 않아 치료

받지 못한 채 죽는다. 자인은 여동생이 병으로 죽은 게 아니고 성인 남성의 폭력으로 살해됐다고 단정하고, 칼을 들고 달려가 아사드를 찌른다. 12살 소년 자인에게 수갑이 채워져 교도소에 감금된다. 자인은 자책도 후회도 변명도 없다. 그 누구의 동정도 구하지 않는다. 당당한 소년 자인은 자신의 존엄함을 스스로 지켜나간다.

자인은 자신의 부모를 고발하여 법정에 세운다. "왜 부모를 고소했나요?"라는 질문에 자인은 또박또박 대답한다. "그들이 나를 태어나게 해서요!" 교도소로 면회를 온 엄마는 여동생을 잃고 슬퍼하는 자인을 위로하며 "신은 하나를 가져가면 다른 하나를 선물로 주시는구나"라며 자신의 임신 사실을 알린다. 새 동생이 생길테니 사하르는 잊으라는 엄마에게 자인은 토해내듯 한마디 내뱉는다. "엄마의 말이 칼처럼 제 심장을 찔러요." 자인은 법정에서 호소한다. "저 사람들이 다시 아이를 낳지 못하게 해 주세요!"

영화 제목이 왜 가버나움일까? "가버나움아! 네가 하늘까지 높아지겠느냐? 음부까지 낮아지리라. 네게서 행한 모든 권능을 소돔에서 행하였더라면 그 성이 오늘까지 있었으리라. 내가 너희에게 이르노니 심판 날에 소돔 땅이 너희보다 견디기 쉬우리라."(마태복음 11:23) 구약성서는 유황불로 심판받았던 소돔을 역사상 가장 죄가 만연한 곳으로 전하고 있다. 그런데 신약성서는 가버나움이 소돔보다 더 큰 죄 가운에 있다고 한다. 심지어 심판 날에 소돔이 가버나움보다 견디기 쉬울 것이라고 선포한다. 왜일까? 소돔 땅의 음란죄보다 가버나움의 죄가 더 심각하다는 말이다. 가버나움의 죄는 무엇인가? 가장 작은 자가 가지고 있는 인간의 존엄성을 무시하고 모욕한 죄다. 힘없는 아동을 학대하고 그들의 노동력을 착취하고 보호와 존중으로부터 동떨어진 성인들의 무책임을 무섭게 추궁한 것이 아닐까? 가장 작은 자의 인권을 무시하고 착취한 죄에 대한 책임을 묻고 있다.

영화의 흐름은 절망적이지만 12살 자인에게 희망을 걸어본다. 자인은 아동인권 옹호가다. 의도하지 않았으나 12살 자인에게 1살 요나스가 맡겨졌을 때, 요나스를 향한 자인의 배려와 돌봄은 감동이다. 감옥에 수감된 자인이 우연히 방송 매체를 통해 아동에게 최소한의 책임과 의무조차 이행할 줄 모르는 성인들을 고발할 때, 수감되어 있던 수많은 아동들이 일어나 호응한다. 이 아이의 작은 몸짓이 만들어 낼 변화를 통해 작은 자들이 살아내기 더 나아질 세상을 기대한다.

한 걸음 더 들어가기 ↻

아동은 태어난 즉시 출생 등록되어야 하며, 출생 시부터 이름을 갖고. 국적을 취득하며 가능한 한 부모를 알고 부모의 양육을 받을 권리가 있다.

유엔아동권리협약 제7조 1항

인간은 이성과 양심을 가진 존재다. 살아가면서 인간으로서 해야 하는 일, 해서는 안 되는 일이 있다. 아동을 대하는 태도에 있어서도 그렇다. 아동에게 해야 하는 일과 해서는 안 되는 일이 있다. 아동과 함께 살면서 인간이 해야 할 최소한의 도덕적·법적 기준을 제시한 문서가 있다. 유엔아동권리협약이다. 전 세계 196개 국가가 지키기로 약속한 국제적인 문서다. 협약은 이 세상 모든 아동이 반드시 보장받아야 하는 기본 권리와 일반 원칙을 담고 있다.

아동의 4대 기본권은 '건강하게 태어나 안전하게 살 권리'(생존권), '모든 위험으로부터 보호받을 권리'(보호권), '교육받으며 몸과 마음이 성장할 권리'(발달권), '자기 삶에 영향을 주는 일에 의견을 표현할 권리'(참여권)이다. 이 기본적 권리가 보장되려면 아동의 존재를 공적으로 확인할 서류가 필요하다. 그것이 출생증명서다. 그래야 아프면 병원에 갈 수 있고 학령기가 되면 학교에 갈 수 있다.

공식적인 자리에 참여하고 자기의 생각을 주장할 수 있다. 이런 기본권은 '비차별', '생존·생명 발달', '아동 최상 이익', '견해 존중'이라는 4가지 일반 원칙이 제대로 작동할 때 온전히 보장된다.

ℚ 생각을 나누기 위한 질문

◎ 〈가버나움〉이라는 영화를 통해 자인의 삶을 보았다. 그의 삶은 협약이 명시하는 최소한의 법적·도덕적 기준이 보장된 삶일까? 그렇지 않다면 어떤 권리가 침해된 것일까?

◎ 자인에게 왜 이런 인권침해가 일어났을까? 그것은 누구의 책임일까?

◎ 내가 사는 지역 사회에 자인이 있다면 나는 무엇을 할 수 있을까?

생각을 더하기 위한 활동 🔎

◎ 국제아동인권센터 유튜브 채널에 올라와 있는 '유엔아동권리협약 30주년 기념 영상 1, 2편'을 통해 유엔아동권리협약의 4대 기본권, 4가지 일반 원칙에 대해 더 알아볼 수 있다.

김 인 숙

자인은 누구인가?

자인은 아이들을 방치하고 학대하는 부모가 지긋지긋해 자신의 부모를 고발한다. 하지만 자인의 부모는 자신들은 아무 잘못이 없다며 좋은 부모를 만났다면 자식들을 이렇게 키우지 않았을 것이라고 주변 환경을 원망한다. 어린 딸을 결혼시킨 것은 그저 제대로 된 침대에서 이불 덮고 자게 해주고 싶은 마음 때문이었다고 항변하며 일자리 하나 제대로 없는 상황에서 아이들 때문에 등골이 휘도록 고생한 건 오히려 자신들이라고 말한다. 그 말대로라면 어쩔 수 없는 환경에 놓인 피해자일 뿐이다.

하지만 자인은 다르다. 무능한 부모를 만났지만 그 상황을 운명으로 받아들이지 않는다. 동생 사하르를 지키기 위해 기지를 발휘하고 자신이 가진 모든 힘을 동원한다. 그리고 우연히 함께 살게 된 어린 요나스를 지키기 위해 모든 창의력과 능력을 발휘한다. 버려진 스케이트보드를 개조해 요나스의 유모차를 만들고 물이 끊긴 집에서 찾아낸 얼음에 분유 가루를 묻혀 요나스에게 먹인다. 자인의 부모에게 모든 상황은 어쩔 수 없는 것이었지만 자인에게 모든 상황은 요나스를 위해 바꿔야 할 것이었다. 자인의 부모에게 자신의 무능은 운명처럼 당연한 것이었지만 자인은 자신이 능력이 있고 없음을 가늠할 틈도 없이 요나스를 위해 무조건 온 힘을 다한다. 자인의 부모는 피해자이면서 동시에 아이들에게 가해자가 되었음을 깨닫지 못

하지만 자인은 피해자의 위치에서도 요나스에게 가해자가 되지 않기 위해 온 능력과 힘을 발휘한다.

자인과 그 부모의 가장 큰 차이는 무엇일까? 자인의 부모에게 아이들은 삶을 힘겹게 하는 짐과 같은 존재, 먹고 살기 위해 이용해야 하는 존재지만 자인에게 아이는 아무 이유 없이, 무조건적으로 돌봐야 하는 존재이다. 학교에도 다니지 못한 자인이 생명에 대한 존중이나 인권규범을 배워서 부모와 다른 태도를 갖게 된 것은 아닐 것이다. 그저 아이의 배고픔을 모른 척할 수 없고 다른 아이의 고통이 나에게도 동일한 고통이기 때문이다. 자신이 알고 있는 한 가장 약하고 작은 사람, 요나스가 자신의 삶에 일부가 되었기 때문이다.

인간이 타인에게 어떤 존재여야 하고 서로를 어떻게 대해야 하는지 자인은 이미 알고 있다. 그리고 우리에게 이 질문을 던지고 있다. 나에게 아동은 누구인가? 아동은 어떤 존재인가? 우리는 모든 아동을 존엄한 존재로 보고 있는가? 어떤 나라에서 태어났는지, 부모가 누구인지 상관없이, 심지어 국적이 없다고 해도 모든 아이를 돌볼 준비가 되어 있는가? 경제적인 이유, 사회적 합의가 안 됐다는 핑계 등으로 모든 아동을 동일한 권리를 가진 아동으로 보지 못하고 있는 것은 아닐까?

이 질문에 대답하기 위해 우리는 이들을 기억해야 한다. 자신의 처지와 관계없이 낯선 아이의 배고픔을 지나치지 못하는 라힐, 아이를 위해서라면 모든 상상력과 힘을 동원할 줄 아는 자인, 난민의 문제를 남의 일이 아닌 나의 일로 받아들여 아이들의 삶 속에 들어가 이 영화를 만들어 낸 나딘 라바키 감독 등 아동이 누구인지 알고 있는 사람들 말이다.

한 걸음 더 들어가기 ⟳

지극히 작은 자에게 한 것이 곧 내게 한 것이라.

마태복음 25장 40절

유엔아동권리협약은 아동권리에 대한 국가의 책임을 정확히 명시하고 있다. 특히 아동이 어떤 상황에서도 차별 없이 모든 권리를 누려야 한다고 강조하고 있다. 협약을 이행할 수 있는 충분한 여력이 있는 국가에서 태어나거나 의지가 있는 부모를 만났을 때만 권리를 누려서는 안 된다는 것이다. 이 약속은 바로 자인과 요나스를 위한 것이기도 하다. 특히 출생등록이 되지 않은 자인, 불법체류 중인 요나스처럼 누군가의 손을 놓치는 순간 절망적인 상황으로 떨어져 버리기 쉬운 작은 존재들의 삶 속에도 아동권리가 실현될 수 있도록 하는 것이 바로 협약의 목적이다.

자인의 부모는 자신들이 좋은 부모를 만났다면 아이를 이렇게 방임하지 않았을 것이라고 말한다. 아이들 때문에 고통스럽다며 원망한다. 어른들이 일자리를 찾기 힘들고, 먹고 살기 막막한 현실에 놓여 있다면 그 책임을 추궁 받아야 할 사람은 누구일까? 적어도 아이들은 아니다. 우리는 권리를 지닌 '권리주체자'인 동시에 의무를 가진 '의무이행자'이다. 책임을 물어야 할 대상과 의무를 다해야 할 대상을 정확히 알지 못할 때 자인의 부모처럼 엉뚱한 사람에게 고통의 책임을 묻고 자신들의 의무는 전혀 알아채지 못하는 사람이 될 수 있다. 이 경우 고통받는 사람만 늘어날 뿐 아무 문제도 해결하지 못한다. 그래서 내가 존중받아야 할 권리가 무엇이고 그 권리를 지키기 위해 의무를 다해야 하는 사람들은 누구인지 아는 것, 그리고 내가 의무를 다해야 하는 대상이 누구인지 아는 것이 매우 중요하다.

'넓은 세계 속 어느 한 나라, 어느 작은 골목 안에서 살고 있는 아이들 한 명 한 명까지 차별 없이 권리를 누리게 한다는 것이 과연 가능한 일일까?'라는 의문을 가질 수도 있다. 하지만 우리가 영화 〈가버나움〉을 통해 레바논 난민 아동의 삶을 목격하고 그들의 삶과 연결될 수 있었던 것처럼 모든 아동을 아동으로 바라보기 위해 노력하고 내 삶 속의 아동이 누구인지 발견할 수 있다면 가능한 일이 아닐까? 유엔아동권리협약은 아동과 함께 살아가고 있는 우리 모두가 함께 지켜야 하는, 그리고 지킬 수 있는 약속이다.

Q 생각을 나누기 위한 질문

◉ 자인의 부모는 누구에게 의무이행자로서 역할을 다해야 하는가?

◉ 만약 자인의 부모가 권리를 침해받았다면 이를 해결하기 위해 의무를 다해야 하는 주체는 누구인가?

생각을 더하기 위한 활동 🔎

◉ 유엔아동권리협약은 아동인권 보장을 위한 국가, 지역사회, 성인 및 아동의 역할을 안내하고 있다. 특히 일반논평 5호 '아동권리협약 이행을 위한 일반 조치'를 통해 국가의 의무를 보다 자세히 이해할 수 있다. 국가인권위원회, 유엔인권최고대표사무소(OHCHR) 홈페이지 등에서 해당 내용을 확인해 보자.

◉ 초록우산 어린이재단 유튜브 채널에 올라와 있는 영상 '대한민국에서 아동으로 산다는 것'을 통해 유엔아동권리협약의 조항을 살펴볼 수 있다.

이 선 영

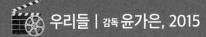
우리들 | 감독 윤가은, 2015

3. '우리들'과 '우리끼리'

상처는 상처로 남는다. 그걸 가지고 어떻게 살 것인가가 문제다.

윤가은, 시사IN 인터뷰 '모든 장면이 우리의 이야기'

그럼, 우린 언제 놀아?

나는 어릴 때부터 몸을 움직이는 활동을 좋아했다. 특히 공으로 하는 놀이를 즐겼다. 그러나 승부욕은 강하지 않았다. 이기고 지는 것과 상관없이 재미있게 노는 게 참 좋았다. 〈우리들〉이란 제목의 영화는 첫 장면이 인상적이다. 초등학생들이 편을 갈라 뭔가를 하려는 순간으로 우리를 안내한다. 아직 아이들의 모습은 화면에 오르지 않은 채 흥분된 아이들이 만드는 소음이 들릴 뿐이다. 이윽고 한 여자아이의 모습이 화면에 등장한다. 불안감과 기대감을 동시에 가지고 있는 아이의 눈빛이 나의 관심을 사로잡는다. '뭐지? 이 아이가 왜 이런 표정일까? 뭐가 불안할까? 뭐가 두려울까? 무슨 기대를 하

는 걸까?'

왁자지껄 떠들면서 피구 경기가 시작되고, 아이도 밀려가듯 조금씩 움직이기 시작한다. 아이는 피구를 할 마음이 없는 것 같다. 열정 같은 건 더구나 없어 보였다. 행여 공에 맞을까 두려워 아이들 뒤에 몸을 숨기며 피해 다닌다. 공놀이에 익숙한 아이들에게는 이런 아이가 1순위 공격 목표가 되기도 한다. 시합이 시작되자마자 선을 밟았다는 이유로 아이는 제일 먼저 경기장 밖으로 밀려난다. 그저 안전지대에 조용히 머물러 있었는데 선을 밟았다는 지적에, 아이는 작은 목소리로 "나 밟지 않았어"라고 항변하지만 무시당하고 만다.

여름 방학이 시작되던 날 이 아이는 친구들이 모두 떠난 빈 교실에 혼자 남아 교실 정리를 한다. 그때 이 학교로 전학 오는 새 친구를 만나 자신의 이름을 '선'이라고 소개한다. 친구의 이름은 '지아'다. 늘 혼자 외톨이처럼 지내던 선은 지아와 빠르게 친해지고 서로의 비밀을 터놓는 사이가 된다. 지아 할머니와 선의 엄마도 서로 알게 되면서 편한 이웃이 된다.

방학이 끝나고 개학하는 날, 담임선생님과 함께 반 친구들에게 첫인사를 하게 된 지아를 반가운 눈인사로 맞는 선에게 지아는 왠지 차가운 눈빛을 보낸다. 지아는 늘 당당하고 선을 따돌리는데 앞장서는 보라와 그의 친구들과 어울리며 선을 괴롭히기 시작한다. 선은 또다시 외톨이가 되는 일이 두렵고 싫다. 그래서 왜 지아가 자기를 멀리하는지 알아내서 화해하려고 할 수 있는 모든 일을 해 본다. 다시 '우리들'이 되고 싶다. 하지만 선과 지아가 '우리들'이었을 땐, 문제가 되지 않았던 일들이 문제로 부각되기 시작한다.

선의 엄마는 김밥을 말아 파는 작은 분식집을 운영한다. 아빠는 늘 술에 만취되어 엄마를 힘들게 한다. 바쁜 엄마는 아이들을 잘 챙겨주지 못한다. 선은 친구들에게 옷에서 냄새가 난다는 이야기를 듣기도 하고, 유치원에 다니는 동생 윤은 친구 집에서 놀다가 싸우고 맞아서 여기저기가 늘 상처투성이다. 그래도 노는 걸 좋아하는 윤은 마음이 넉넉하다. 맞고 들어온 아들이 너무 안쓰러워 자신을 때린 친구 집에 전화를 거는 엄마 옆에서 "나 아프지 않은데…" 하며 웃고 만다. 선은 아빠가 사고를 치면 바쁜 엄마를 대신해 아빠도 돌보고, 동생도 극진히 보살피는 든든한 누나다.

어느 날 퍼렇게 멍든 동생의 눈가를 본 선은 어떻게 된 일인지 묻는다. 윤은 아무 일도 아닌 듯 "친구랑 싸웠는데 친구 누나도 나를 때렸어"라고 대답한다. 그래서 어떻게 했냐고 묻는 질문에 "같이 놀았다"는 동생의 대답에 기가 막힌 선은 어떻게 같이 놀 수 있냐고 화를 낸다. 그런 누나에게 그럼 어떻게 해야 하냐고 윤은 되묻는다. 당연히 누가 너를 때리면 너도 때려야지 어떻게 매를 맞고도 같이 놀 수가 있냐며 속상해 하는 선에게 아직 유치원에 다니는 어린 동생은 이렇게 말한다. "그럼 언제 놀아? 친구가 때리면 나도 때리고 친구 누나가 때리면 내가 또 때리고…." 그러면 우린 언제 놀 수 있겠냐는 말이다.

어느 날 학교에서 다시 피구를 하게 된 선은 여전히 공을 피해 다니다가 초반에 공에 맞고 경기장 밖에 서 있다. 선과는 달리 지아는 활발하게 몸을 움직이며 피구를 즐기는 모습이 완연하다. 그런데 한 친구가 지아에게 선을 밟았다며 반칙이라고 몰아세우기 시작한다. 지아 혼자 밟지 않았다고 하지만 우기는 친구들 앞에서 경기를 포기하고 퇴장당할 수밖에 없는 상황이다. 그 순간 경기장 밖에 서 있던 선이 갑자기 "밟지 않았어" 하고 당차게 큰 목소리를 낸다. 그 것으로 부족하다 싶었는지 "지아는 선을 밟지 않았다구. 내가 여기서 봤어"라며 편을 든다. 그러나 아이들은 지아를 결국 경기장 밖으로 밀어내고, 지아도 선과 함께 반 친구들로부터 배제된다. 배제됨의 아픔과 자존심 상함은 당해본 사람만이 느끼고 알 수 있다. 피구 경기장 밖에 나란히 선 지아와 선, 둘 사이에 잠시 어색한 침묵이 흐른다. 이제 다시 '우리들'이 되려는 순간이다.

한 걸음 더 들어가기 ⟳

국가는 아동이 휴식과 여가를 즐기고 연령에 적합한 놀이와 레크리에이션 활동에 참여하며 문화생활과 예술 활동에 자유롭게 참여할 수 있는 권리를 인정한다.

유엔아동권리협약 제31조

초등학교 3학년 손녀에게 들은 이야기다. 학생들이 점심 배식을 받고 있는데 담임선생님이 오셔서 오늘은 점심 먹고 운동장에서 놀

다가 들어와도 된다고 했다. 그 말이 끝나자마자 한 남자아이가 방금 식판에 받은 밥과 반찬을 퇴식구에 쏟고 정신없이 운동장으로 뛰어나갔다. 그 친구는 밥보다 놀이에 굶주렸던 것이 아닐까. 친구들과 함께 놀 기회, 그건 아이들에게 한 끼 밥보다 중요했던가 보다.

유엔아동권리협약 제31조는 아동의 놀 권리를 명시하고 있다. 유니세프에서 아동이 읽기 쉽게 번역한 놀 권리조항을 보면 "우리는 충분히 쉬고 놀 권리가 있습니다"라고 명시되어 있다. 한국의 교육 풍토가 경쟁적인 입시 위주로 치달아 초등학교 저학년 때부터 부모는 아동이 노는 것이 시간 낭비라 생각한다.

우리는 왜 교육하는가? 협약 제29조는 교육의 목적을 명확히 한다. "교육의 목적은 아동의 인격과 재능, 정신적 신체적 능력을 개발하고 교육을 통해서 인권과 자유, 이해와 평화의 정신을 배우고 다른 문화를 존중하는 방법, 자연을 사랑하는 방법을 배우는 것"이다. 놀이는 지식의 습득 이상의 교육적 가치를 가진다. 몸과 마음과 정신을 키우는 데 놀이와 여가, 스포츠, 예술 문화 활동은 필수다. 제대로 된 교육은 아동이 상호 존중을 배우고 실천케 하므로 따돌림, 괴롭힘 등으로 친구에게 상처 주는 일이 없도록 돕는다.

ℚ 생각을 나누기 위한 질문

◉ "이 지구촌에 굶는 아이들이 얼마나 많은데, 아까운 음식을 버리다니 요즘 아이들은 부족함이 없으니 아까운 것도 없다. 집에서 부모는 뭘 가르치나?…"
한 끼 식사를 아낌없이 버리고 한 시간의 놀이를 선택한 초등학교 3학년 아이의 이야기를 듣는 사람들의 반응은 다양하다. 이 아이의 태도는 우리에게 어떤 깨달음을 주는가? 함께 생각해 보자.

김인숙

선풍기와 에어컨

선과 지아는 다른 아이들이 모두 떠난 텅 빈 교실에서 처음 만난다. 다시 만났을 때도 단둘뿐이었다. 둘은 금세 친해져 꼭 붙어 다니지만 사실 다른 부분이 많다. 지아는 친구에게 방방 값을 쏠 수 있고 휴대폰이 있다. 비싼 영어 학원에 다니고 에어컨이 있는 넓은 집에서 할머니랑 살고 있다. 선은 친구랑 방방 탈 돈이 부족하고 엄마 휴대폰을 빌려 쓴다. 성적이 좋지 않지만 학원은 다니지 않고 선풍기밖에 없는 좁은 집에서 부모님, 동생과 함께 산다.

선과 지아가 친해질수록, 차이가 드러날수록 둘을 지켜보는 마음이 조금씩 불안해진다. 이 불안한 마음은 곧 현실이 된다. 선과 엄마의 다정한 모습은 지아에게, 아무렇지 않게 핸드폰 하나 사라는 지아의 말은 선에게 상처가 된다. 문득 궁금해진다. 처음부터 단둘만 있는 상황에서 만난 게 아니었다면 선과 지아는 친구가 될 수 있었을까?

내가 살고 있는 아파트 앞에는 공립 초등학교가 하나 있다. 그리고 등교 시간이면 사립초등학교 두 곳의 스쿨버스가 아파트 단지로 와서 각각 아이들을 태우고 간다. 선과 지아를 보며 문득 세 개의 학교에 나눠 다니고 있는 우리 아파트 아이들이 생각났다. 같은 아파트 단지에 사는 또래들이지만 서로 다른 학교에 다니는 아이들끼리 만날 기회는 거의 없어 보인다. 아이들은 대부분 같은 학교끼리, 같

은 학원끼리, 같은 활동을 하는 친구끼리 어울린다. 그런데 어느 학교나 학원을 다니고, 어떤 특별 활동을 하느냐는 경제적 수준에 따라 정해질 가능성이 높다. 그러다 보면 결국 비슷한 경제 수준에 있는 가정의 아이들이 '우리끼리'가 된다.

한 설문 조사에서 10~15세 수도권 아이들 5백여 명 중 67.6%가 "나와 집안 형편이 비슷한 친구들과 사귄다"고 대답했다고 한다. 마음에 들지 않지만 친구의 배경이 좋아 의견을 들어준 적이 있다는 답변을 한 아동도 10명 중 3명이었다고 한다. 친구의 '집안 형편, 배경'이 아이들 사이에서 중요한 요소라는 걸 보여주고 있다.

형편이 비슷한 아이들끼리 노는 것은 어쩔 수 없거나 자연스러운 일일까? 적어도 서울의 어느 골목에서 놀던 내 어린 시절에는 그렇지 않았다. 해가 지기 전까지 놀이터와 골목을 누비며 함께 놀던 우리 동네 아이들의 형편은 서로 달랐다. 사립초등학교에 다니거나 혼자 쓰는 넓은 방을 가진 친구도 있었고, 가게 안 작은 방에 온 가족이 사는 친구나 반지하에 사는 친구도 있었다. 사는 모양새는 달랐지만 골목과 놀이터를 공유하는 우리는 자연스럽게 친구가 되었다. 그 시절 우리에게 중요한 것은 누가 고무줄 놀이를 제일 잘하는지, 누구랑 편을 먹어야 놀 때 유리한가였지 집안 형편이나 배경이 아니었다.

선과 지아가 여러 면에서 달라 보이지만 결국 그들의 차이를 가장 크게 드러나게 하는 기준은 하나, 경제력이다. 지아의 결핍은 크게 문제가 되지 않지만 선의 결핍은 휴대폰, 색연필, 학원, 에어컨을 통해 조금씩 밖으로 드러나고 "아무리 돈이 없어도 그렇지"라는 친구들의 말로 극대화된다. 둘만 있는 공간에서 만나지 않았다면 친해지기 어렵겠다고 생각한 이유도 바로 그 한 가지 때문이다.

하지만 결정적인 것처럼 보이는 차이가 선과 지아가 친하게 지낼 때는 아무런 문제가 되지 않았다. 아이들이 직접 만들어 낸 차이가 아닌 것들, 아이들끼리 놀 때 아무런 문제가 되지 않는 그 차이 때문에 어떤 아이들은 '우리들'이 되지 못한다. 피구 공을 맞고 선 밖으로 밀려난 주인공 선처럼, 사회와 선입견이 만들어낸 차별에 밀려 선 밖으로 밀려나 난감하게 서 있는 아이들이 적지 않다. 그 아이들이 눈치 보지 않고 마음껏 공을 던지고 어울릴 수 있는, 차이가 차별이 되지 않는 운동장이, 그런 세상이 필요하다.

한 걸음 더 들어가기 ↻

위원회는 차별이나 잠재적인 차별을 확인할 수 있는 분석 가능한 자료수집의 필요성을 특히 강조한다.

유엔아동권리위원회 일반논평 5호, '아동권리협약 이행을 위한 일반조치'

어른들이 "부자 되세요"라는 덕담 아닌 덕담을 서로에게 하고, 경제적 풍요를 가장 중요한 가치로 생각하는 사이 아이들은 '빌거(빌라에 사는 사람을 비하하는 은어), 휴거(휴○○에 사는 사람을 비하하는 은어)'라는 별명을 만들어 냈다. 어른들은 아이들이 혐오 표현을 쓴다고 깜짝 놀랐지만 차별이 만연한 세상 속에 살면서 아이들이 있는 곳만 청정 지역일 수는 없다. 국가인권위원회와 교육청이 나서 혐오 표현에 대한 가이드라인을 만들고 혐오 표현을 사용하는 아동들을 관리, 감독하겠다고 한다.

하지만 단속해야 하는 것은 아이들의 혐오적 표현뿐 아니라 경제적 지위를 곧 사회적 지위, 그 사람의 수준으로 생각하고 차별하는 사회다. 어떤 혐오가 늘어나고 있으며 어떤 구조에서 혐오가 발생하는지 주목해야 한다. 누군가의 결핍을 공개적으로 드러내고 낙인찍는 사회에서 우리는 행복할 수 있을까?

Q 생각을 나누기 위한 질문

◉ '우리'라는 말이 '나만의 것'이라는 느낌보다 상대방을 '우리'로 초대할 여지를 남겨 두는 말로 쓰일 때가 있었다. 하지만 최근에는 상대방과 나를 구별하고 경계를 명확하게 할 때 더 많이 사용되는 것 같다. '우리 때는 말이야…'라는 표현에서 세대 차이를, '우리 아파트는…'이라는 말과 함께 빈부의 격차를 느끼게 되기도 한다. '우리 학교 출신은…'이라는 말 뒤로 서열이 매겨지기도 한다. 이때 '우리'는 듣는 사람을 초대하는 단어가 아니라 소외시키고 구별하는 단어가 된다. '우리'의 의미가 작아질수록 서로가 만나고 겹쳐지는 공간이 줄어들고 서로를 허용하고 인정하는 범위가 축소되는 것이 아닐까? 내가 사용하는 '우리'라는 말은 어떤 의미일까? 얼마만큼이나 되는 범주를 포괄하는 단어일까?

이 선 영

헬프 | 감독 테이트 테일러, 2011

그녀들의 아슬아슬한 반란이 세상을 바꾼다!

세상을 바꾼 용기있는 고백

헬프

《인셉션》이후 최초의 전미 박스오피스 3주 연속 1위

아마존, 뉴욕타임즈 100주 연속 베스트셀러 원작

11월 3일 대개봉

thehelp.co.kr

4. 도구가 되는 것과 도움이 되는 것

앞으로 우리의 생존은 평등한 관계를 맺는 능력에 달려 있다.

오드리 로드, '시스터 아웃사이더'

너는 소중해!

인간은 세상에 태어날 때 아무런 선택권이 없다. 어느 누구도 태어날 장소, 살아갈 지역, 부모나 가족 등 그 어떤 조건도 선택할 수 없다. 백인 가정에서 가정부(헬프·Help)로 일하는 에이블린 클락은 독백처럼 말한다. "나는 1911년 태어났다. 태어나 보니 엄마는 하녀, 할머니는 가사노예였다. 나는 14살부터 백인 가정의 아이를 키우는 하녀 일을 시작했다. 지금 돌보는 아이가 나의 열일곱 번째 아이다." 영화 〈헬프〉는 1960년대 미국 미시시피주 부유한 백인 가정의 안주인들이 사는 모습과 함께, 피부색이 다르고 가난하다는 이유로 무참한 대우를 받는 흑인 가정부들의 삶을 함께 다룬다. 링컨 대

통령(1809~1865)이 노예제를 폐지한지 100년이 지났지만 미국의 흑백 분리정책 아래서 여전히 백인은 흑인을 노예처럼 부리고 있다. 나쁜 병을 옮긴다는 근거 없는 소문을 퍼뜨리며 백인들은 흑인 하녀들의 실내 화장실 사용도 금지한다. 돕는 이들은 차별과 무시와 모욕을 받으며 고된 노동으로 안주인을 대신해 집안일을 한다.

이 영화에서 '헬프'는 '도구'라는 뜻으로 쓰인 것 같다. 아리스토텔레스가 노예를 '말하는 도구'로 정의 내렸듯이 백인 여성은 피부색이 다른 여성을 마치 '말하는 도구'처럼 취급한다. 흑인 하녀들은 안주인들이 아무리 무례하게 대해도 맡겨진 일에 성실하다. 에이블린 역시 자신이 돌보는 아이를 대하는 자세, 말을 건네는 태도가 남다르다. 14살부터 열일곱 명의 백인 아이를 기른 그녀는 아이와 대화할 때 자기가 바닥에 앉거나 아이를 무릎 위에 앉히고 따듯한 시선으로 아이를 바라본다. 그리고 늘 진심으로 말한다. "너는 친절하고, 너는 똑똑하고, 너는 소중하단다."

작가 지망생인 유지니아 스키터는 이 지역의 백인 안주인들과 어린 시절을 함께 보냈지만 다른 생각, 다른 가치관을 지닌 여성으로 성장한다. 에이블린에게 하녀(Help)의 관점에서 본 이들의 삶을 책으로 쓰고 싶다며 함께해 달라고 청한다. 그리고 "자기가 낳은 아이는 남에게 맡기고 남의 아이들을 기르는 엄마의 마음은 어떤지?" 묻는다. 백인의 폭력으로 자신의 아들을 잃은 에이블린은 이 질문에 말을 잃는다. "말로 답하는 대신 내가 쓴 글을 읽어 드릴께요. 나는 기도로 글을 씁니다." 이렇게 스키터의 책을 쓰는 여정이 에이블린

© DreamWorks II Distribution Co., LLC All Rights Reserved

과 함께 시작된다.

다른 헬프들의 현장감 있는 이야기가 필요했으나 대부분 헬프들은 이 일로 해고될까 두려워 몸을 사린다. 무섭게 폭풍이 치던 날 밤, 집 밖의 화장실을 써야 하는 가정부 미니가 몰래 주인집 실내 화장실을 쓰려다 들켜 해고당한다. 화난 미니가 에이블린과 합세한다. 백인의 폭력과 착취가 도를 더해가면서 몸을 사리던 하녀들이 하나, 둘 참여하며 드디어 책이 완성된다. 책은 베스트셀러가 되지만 에이블린은 해고를 당한다. 해고당하던 날, 그녀는 그동안 참았던 아픔을 안주인에게 퍼붓고 자유로운 영혼이 된다. 베스트셀러 작가 스키터의 집에도 29년간 도움을 준 콘스탄틴이란 흑인 헬프가 있었다. 스키터는 그녀를 자기를 키워준 외할머니 같은 존재로 여기고 사랑했다. "너는 아주 특별한 인생을 살게 될 꺼야!" 콘스탄틴은 늘

이렇게 스키터를 위로하고 격려했다.

이 세상 모든 인간은 동등하게 창조되었다. 창조주는 차별이 없지만 피조물인 인간들은 차별이 심하다. 세상이 창조주의 원리와 질서를 혼란케 하는 일이 아닐 수 없다. 백인 가정의 안주인들 또한 자신들을 돕는 헬프를 하나의 도구로 생각한다. 그들 역시 자기 자신과 다름없는 인간으로 존중받아야 하는 인격체임을 인식하지 못한다. 영화 〈미션〉에서 스페인의 한 고위 관리가 천상의 아름다운 목소리로 성가를 부르는 원주민 아이를 향해 '노래하는 동물'이라고 일갈하던 장면이 떠오른다.

누가 감히 흑인을 향해 '말하는 도구'라 하고, 천사처럼 아름답게 노래하는 아이를 '노래하는 동물'이라 말할 권리를 가질 수 있을까? 인간은 누구나 고유한 인격을 지닌 인격체다. 이 땅에 단 하나뿐인

유일하고 존귀한 존재다. 왜 세상은 모든 사람이 타고난 인간으로서
의 존엄성을 존중받아야 하는 존재임을 부정하려는 것일까?

　인종, 피부색, 성, 언어, 종교, 정치적 견해, 민족적, 인종적. 사회
적 출신, 재산, 장애, 태생, 신분 등의 차별 없이 모든 사람의 권리가
보장되어야 한다.

한 걸음 더 들어가기 ↪

국가는 아동이나 그 부모, 법정 대리인의 인종, 피부색, 성, 언어, 종
교, 정치적 견해 또는 기타 의견, 민족적, 인종적, 사회적 출신, 재산,
장애, 태생, 신분 등의 차별 없이 본 협약에 규정된 권리를 존중하고,
모든 아동에게 이를 보장해야 한다.

유엔아동권리협약 제2조 1항

　유엔이 제정한 여러 국제인권법에 빠짐없이 포함되는 중요한 원
칙이 있다. '비차별 원칙'이다. 가장 지켜지지 못하는 원칙 또한 비차
별 원칙이다. 우린 모두 차별하고 차별받으며 산다.

　차별행위의 뿌리 깊은 원인은 무얼까? 편견이다. 편견은 무엇인
가? 사람들은 생각 없이 습관적으로 편견이 드러나는 행동을 한다.
때로는 특정 종교를 가졌다고, 피부색이 나와 다르다고, 국적이 다
르다고, 태어난 지역이 다르다고 마음대로 타인을 판단하고 차별하

고 무시한다. 다양한 인권침해의 중심에 있는 이 편견은 차별로 이어진다. 인간의 내면을 보는 능력이 부족해 눈에 보이는 대로 판단하고 평가하고 차별한다. 정확한 정보에 근거하지 않기에 감정에 치우친다. 정보가 없거나 몰라서 차별하고 상처를 준다.

성인들에게도 차별은 상처가 된다. 편견은 어른들로부터, 부모로부터, 조부모로부터 배우고 전수되는 악순환적 요소가 된다. 사회적 문화적 전통적 습관적으로 물려받은 가치관이나 생각을 통해 전수되기도 한다. 편견이 습관이 되고 사고방식이 되기도 한다. 생각 없이 아동에게 차별 행동이 가해질 때 여린 마음은 상처받고 기본권이 무너진다. 차별은 이렇게 아동의 생존 보호 발달 환경에 부정적인 영향을 미친다.

ℚ 생각을 나누기 위한 질문

◎ 영화 〈헬프〉에서 볼 수 있는 차별은 오래전 미국 사회에서 일어난 인종차별의 사례일 뿐, 지금 우리와는 상관없는 일일까?

◎ 살면서 나는 어떤 차별을 경험했는지 이야기해 보자.

◎ 내가 누군가를 부지불식간에 차별하고 무시한 적은 없는가? 왜 그랬을까? 그런 행동을 자각하고 미리 예방하지 못한 이유는 무엇 때문인가?

김인숙

나란히 앉을 때,
도움(Help)이 시작된다

———

    영화 〈헬프〉의 흑인 가사 도우미 에이블린은 열일곱 번째로 맡아 기르고 있는 백인 아이에게 "너는 친절하고 너는 똑똑하고 너는 소중해"라고 날마다 이야기한다. 내 자식처럼 돌본 백인 아이가 성인이 되고 안주인이 되어 다른 백인 여성들과 똑같이 자신을 차별하고 모욕하지만 에이블린이 아이를 대하는 태도는 한 번도 달라지지 않았다. 아이 키우는 일을 도와주거나 대신하고 있는 것이 아니라 아이를 사랑하고 돌보는 것이 그저 자신의 일이기 때문이다.

    에이블린의 말처럼 아이들은 태어날 때부터 친절하고 똑똑하고 소중한 존재이다. 그런데 이상하게도 영화 속 백인 여성들은 나이를 먹어갈수록, 백인 여성들끼리 모일수록 친절함과 영리함, 소중함을 잃어간다. 흑인 도우미와 화장실을 함께 쓰면 전염병에 걸린다고 믿으면서 아프리카 아이들을 위한 자선 파티를 여는 백인들의 모습은 그들이 얼마나 불친절하고 무지하고 그들 스스로의 존재를 소중하지 않게 만드는지 잘 보여준다. 백인 여성들이 '다 당신들을 위한 일'이라며 화장실을 따로 만들고, 경매 수익금을 모금하지만 이 일로 행복해지는 흑인 여성을 찾아보기 힘들다. 그들은 흑인을 자선을 베푸는 존재 또는 일을 시키는 존재로만 여기고 자신들은 선의와 관용을 베푸는 존재로 여길 뿐이다.

하지만 흑인 여성들은 백인 여성들의 위도 아래도 아닌 바로 옆, 그들의 삶 속에 생생하게 존재하고 있다. 밤새 엄마의 손길 한 번 받지 못했던 아이의 안부를 가장 먼저 살피고, 댄스파티에 초대받지 못한 소녀에게 용기를 주고, 아이를 잃고 슬픔에 빠진 여성에게 세상이 살아갈 만한 곳이라는 것을 알려준다. 피부색과 상관없이 아픔이 있는 이웃이라면 그 아픔을 함께 나누고 두려움을 이겨낼 수 있도록 서로 힘을 보탠다. 그들은 뭉칠수록 더욱 친절하고 더 영리하고 더 소중한 존재가 된다.

흑인의 자리와 백인의 자리가 구별되어 있을 때, 백인의 역할과 흑인의 역할이 고정되어 있을 때 그들은 서로에게 도움이 되지 못한다. 식탁에서 함께 밥을 먹고, 벤치에 나란히 앉아 고민을 털어놓을 때, 기꺼이 화장실을 나누어 쓸 때 그들은 서로가 서로를 돕는 존재가 될 수 있다. 누군가는 늘 위에 있고 누군가는 늘 아래에 있는 상태에서 누군가를 돕는 일은 일방적인 자선이나 동정일 뿐이다. 누군가의 존엄성을 훼손하면서 그 사람을 돕는 것은 불가능하기 때문이다.

피부색의 구분도, 역할의 구별도 없이 백인과 흑인이 평등하게 모여 앉았을 때, 여성들의 삶이 서로에게 연결되었을 때 그들은 결국 인종 차별에 사로잡힌 세상을 발칵 뒤집어 놓을 베스트셀러를 탄생시킨다. 그들은 서로 뭉칠수록, 나란히 연대할수록 더 친절하고 더 똑똑하고 더 소중한 존재가 된다는 것을 보여주고 있다.

한 걸음 더 들어가기 ↻

사람과 사람을 멀리 떨어뜨리려는 힘이 차별이라면, 서로 이끌리는 힘이 차별에 맞서는 힘이다.

인권운동사랑방, '수신확인, 차별이 내게로 왔다'

인권의 역사는 화장실 사용에서 배제된 사람들이 없도록, 누구나 자유롭게 화장실을 사용할 수 있도록 그 범위를 넓혀간 기록이라고 말하면 과장된 표현일까. 실제로 화장실을 그 사회의 인권 수준, 평등 수준을 알 수 있는 척도로 보기도 한다. 현재 우리는 더이상 피부색이 화장실을 함께 쓰느냐 못쓰느냐를 가르는 기준이 되지 않는다는 것을 알고 있다. 하지만 피부색과는 또 다른 여러 가지 기준들이 여전히 화장실을 자유롭게 사용할 수 있느냐, 함께 쓰는 데 불편함이 없느냐를 나누고 있다. 아동과 성인, 장애인과 비장애인 등 신체적인 차이가 화장실을 자유롭게 사용하는데 걸림돌이 되기도 한다. 남성과 여성만으로 이분화된 화장실을 사용하는 것에 불편함을 느끼는 사람들도 있다. 나는 누구와 함께 화장실을 쓰는 것이 불가능하거나 불편한가? 이 질문에 답을 찾다보면 나 또는 우리 사회가 배제하는 사람, 주요하게 고려하지 않는 사람이 누구인지 발견할 수 있을 것이다.

ℚ 생각을 나누기 위한 질문

◎ 학교생활 중 불편한 부분에 대한 조사에서 학생들은 화장실에 관한 이야기를 많이 했다. 그중에는 휴지 없는 화장실 칸, 개별 공간이 아니라 공개된 장소에서 볼 일을 봐야 하는 남자 화장실 등이 불편하다는 의견이 있었다. 교사 화장실에는 칸마다 화장지가 있는데 학생용 화장실은 그렇지 않은 이유, 여자 화장실은 개별 공간이 있는데 남자 화장실은 다르게 만들어진 이유는 무엇일까? 이런 차이가 불편하다면 어떻게 바꿀 수 있을까? 이 밖에도 새롭게 느낀 차별이 있다면 이야기해보자.

생각을 더하기 위한 활동 🔎

◎ 영화 〈헬프〉와 같이 인종에 따라 화장실을 구별해서 사용하던 시절이 배경인 다른 두 편의 영화를 보며 당시의 인권 상황과 인권이 발전되어 온 장면들을 엿볼 수 있다.

〈히든 피겨스〉, 테오도어 멜피 감독, 2016

〈그린 북〉, 피터 패럴리 감독, 2018

이 선 영

보희와 녹양 | 감독 **안주영, 2018**

5. 내가 나로 존재하는 세상

모든 차이는 임의적, 허구적인 것이다. 차이가 만들어지는 방식은 차치하고라
도, 다름의 공존이 허용되지 않는 사회에서 그 누가 생존할 수 있겠는가.

정희진, '낯선 시선'

꼭 뭘 해야 해요?

영화 〈보희와 녹양〉은 제목이 색다르다. 아이들의 이름인가보다
짐작하고 무심코 화면을 응시하다가 화들짝 놀랐다. 바쁜 몸짓으
로 준비한 아침 식사를 테이블에 올려놓고 여성은 입고 있던 앞치마
를 식탁 쪽으로 던지며 "보희야, 엄마 먼저 갈게" 하고 소리쳤다. 던
진 앞치마가 닿은 곳에 앉아있는 '보희'란 아이는 남자아이다. 아하,
보희가 소년의 이름이라면 '녹양'은 여자아이 이름이었구나! 우연히
보희와 녹양은 한날한시에 같은 산부인과에서 태어났다. 태어날 때
몸무게가 4.3kg이었던 녹양은 첫 울음소리도 우렁찼다. 보희는 태
어나자 곧바로 인큐베이터에서 돌봄을 받았다. 보희는 매사에 소심

하다. 두렵고 자신이 없다. 녹양은 거리낌이 없고 당차다. 무서울 게 없는 아이다. 무언가를 시도하려 할 때, 어른들이 "그걸 해서 뭐 하냐?"고 하면, "꼭 뭘 해야 돼요?"라고 맞받아친다. 녹양은 엄마가 안 계신다. 아빠와 할머니까지 세 식구가 함께 산다. 아빠는 조용하고 말이 없다. 외동딸 녹양에게조차 살갑지 않다. 할머니는 손녀가 너무 소중해 늦게 귀가하면 걱정을 많이 하신다. 녹양은 늘 밝고 씩씩하다.

보희는 엄마와 단둘이 산다. 엄마는 보희가 어릴 때 아빠가 돌아가셨다고 한다. 보희는 아빠가 어떤 분인지, 어떻게 돌아가셨는지 너무나 궁금하다. 엄마는 아빠에 대해 물으면 불편해한다. 뭔가 숨기는 것 같은 엄마에게서 보희는 아빠가 살아계실지 모른다는 실마리를 찾아낸다. 어릴 때 가족이 함께 동물원에 갔던 희미한 추억, 사촌 누나와의 만남, 아빠와 같은 직장에서 일한 적이 있다는 친구의 이야기 등을 통해 어디선가 아빠가 살고 있다는 생각이 점점 굳어진다.

한날한시에 태어난 단짝친구 보희와 녹양은 서로의 문제를 자기 일처럼 함께 고민하며 풀어간다. 무슨 일을 해도 자신이 없고 두렵기만 한 보희와 달리 녹양은 다부지게 보희를 부추겨 함께 '아버지 찾기'에 나선다. 보희 아빠와 함께 일하며 친하게 지냈다는 친구를 만났을 때 보희는 "우리아빠 '좋은 사람'이었나요?" 하고 물어본다. 그는 "더없이 좋은 분이었다고 다만 무슨 생각을 하는지는 알 수 없었다"며 여운이 남는 답을 남긴다.

　보희와 녹양은 1%의 가능성만 보여도 찾아가 묻고 알아내려 한
다. 그림을 잘 그리고, 예술가의 자질을 가진, 영화와 관련된 일을
하는 분…. 하나씩 파헤쳐나가던 아이들은 결국 한 유명한 영화감독
이 보희의 아빠라는 확증을 얻고, 그가 만든 영화를 보러 간다. 보희
는 아빠에게 다가가서 "안녕하세요? 저 보희예요. 아빠 아들이요!"
라는 인사말을 건네기 위해 거듭 연습한다. 그 순간만은 녹양의 도
움 없이 혼자 해낼 작정이다.

　어느 날 보희는 아빠가 한 식당에서 동료들과 회식하는 자리를 밖
에서 주시하며 기다린다. 갑자기 회식 자리를 조용히 빠져나온 아빠
가 길모퉁이를 돌아가자 보희는 놓칠세라 따라간다. 갑자기 발걸음
을 멈춘 아빠 앞으로 어디선가 한 남성이 다가 오더니 두 사람은 연

인처럼 깊은 포옹을 한다. 멀리서 지켜보던 보희는 말없이 발걸음을 돌린다. 얼마 전 할머니가 돌아가신 후 녹양은 아빠와 둘만 남게 된다. 보희는 한바탕의 홍역을 치룬 후 더는 '아빠'라는 존재에 연연하지 않는다. 더이상 엄마에게 묻지 않는다.

폴란드의 아동인권 옹호가 야누시 코르차크는 "아동에게 뼈가 자라면서 신체가 성장하는 일은 참 힘든 일인데 마음과 영혼이 성숙되어가는 과정은 얼마나 힘들까?"라며 아동의 편을 들어 준다. 이 세상 모든 어른들도 아동기를 거쳐 성인이 되었지만, 모든 걸 다 잊었는지 아이들의 아픔이나 울음소리를 듣지 못하는 것 같다. 많은 경우 아동이 아파하고 힘들어하는 이유가 어른 때문인 경우가 대부분이다. 그냥 순수한 마음으로 아이에게 사실을 설명해 주고, 아이가 삶에 대한 이해가 깊어져 스스로 결정할 수 있도록 맡겨놓고 기다리면 되는데 어른들은 그 단순한 일을 어려워한다.

한 걸음 더 들어가기 ⊙

Everywhere we live adults have ideas about what it means to be a girl or a boy. You are even brought up in different ways simply because you are seen as a boy or a girl.

성인들은 어디서든 남자아이 또는 여자아이에 대한 고정관념을 가진다. 그래서 아이들은 단지 성별이 다르다는 이유로 다르게 키워진다.

성 차별, 평등한 우리(세이브더칠드런, 2008)

성 차별은 해서는 안 되는 행동이고 태도인데 참으로 고치기 힘들다. 오랜 전통이나 관습에 뿌리를 두고 있기 때문이 아닐까. 거의 모든 차별은 인간 마음 깊이 박혀있는 '편견'에서 기인한다. 나는 아동 인권 교육 훈련가로서 인권 감수성이 민감한 사람이라고 자만했다. 영화 〈보희와 녹양〉을 보기 전까지는 말이다. 왜 나는 보희가 여자 아이고 녹양이 남자아이라고 믿었을까? 영화를 보는 내내 민망했다.

〈보희와 녹양〉의 영어 제목은 언어유희 같지만 신비롭고 영감을 준다. 'A BOY AND SUNGREEN!' 보희를 소년을 뜻하는 영어단어 'BOY'로 표현하며 은연중 우리의 고정관념을 지적한 감독의 센스가 돋보인다. 녹음이 찬란한 초여름의 초록색 태양으로 태어난 녹양과 당당한 한 명의 소년 보희가 함께 한 뼘 씩 자란 성숙한 모습에 박수를 보낸다. 이 아이들이 살아가는 세상은 차별 없이 모두를 있는 모습 그대로 받아들이고 이해하고 화해하며 용서하는, 그래서 모든 사람이 행복하게 서로를 바라볼 줄 알게 되기를 소망한다.

김 인 숙

아빠의 자격

내가 어린 시절 살던 곳은 이층집이었다. 우리 집 1층에는 할머니와 키가 크고 젊은 이모, 택시 운전사로 일하는 머리가 짧은 이모 세명이 함께 살았다. 나는 가끔씩 아래층에 내려가 이모들의 신기한 물건을 구경하기도 하고 어느 날은 저녁을 함께 먹기도 했다. 택시 이모가 쉬는 날 그 택시를 타고 남산 구경을 함께 가기도 했다. 열 살 무렵 그 동네를 떠나 다른 곳으로 이사하면서 진짜 이모보다 더 친하게 지내던 두 이모와 헤어지게 되었고 한동안 그 기억을 잊고 살았다.

오랜만에 이모들이 떠올랐던 건 성 소수자에 대한 이야기가 사람들 사이에서 회자될 무렵이었다. 엄마에게 이모들에 대해 묻자 두 사람이 부부처럼 지냈고 택시 이모의 어머니를 모시며 함께 살았다는 대답이 돌아왔다. 여느 이웃과 다를 것이 없는 기억이다. 그리고 얼마 지나지 않은 어느 날 성정체성을 밝힌 방송인이 출연하는 TV 프로그램을 보며 엄마가 내게 묻는다. "저 사람 요즘 많이 나오는 걸 보면 이제 아닌가 봐." 엄마는 성 소수자가 TV에 나오는 것을 자연스럽지 않은 일이라고 생각하는 사람이었음에도 성 소수자와 이웃으로 사는 것에는 아무 거리낌이 없었던 것이다.

영화 〈보희와 녹양〉 속 보희는 돌아가신 줄 알고 있던 아빠가 살아있을지도 모른다는 생각을 하게 된다. 하지만 멀쩡히 살아있는 아

빠를 죽었다고 한 엄마는 더 크면 말해주겠다며 아빠에 대해 이야기 하는 것을 피한다. 애써 찾아간 아빠의 지인은 아들이 아빠를 찾는 당연한 행동에 대해서조차 "근데 아빠는 왜 찾는 거야?"라며 이유를 묻는다. 보희의 아빠로 보지 않고 성 소수자로 보는 시선들이 보희 가 아빠를 찾는 여정을 가로막는다. 보희의 아빠는 아빠로 살지 못 하고 기억되지 못한다. 엄마가 가족사진에서 아빠가 나온 부분을 접 어 숨겨 버린 것처럼 보희 아빠는 있어도 없는 존재가 되어버렸다.

어떠한 성향 때문에 붙여지고 분류되는 이름들. 그들을 우리와 다르고 부자연스럽게 만드는 것은 그들의 존재 자체가 아니라 그들 을 호명하는 우리의 방식일지 모른다. 영화 속 보희가 소년임에도 불구하고 이름에 대한 고정관념 때문에 또는 '남자는 이래야 한다'는 편견 때문에 충분히 소년으로 존중받지 못하는 것처럼 말이다. '보 희'를 발음하며 쉽게 여자아이를 떠올리지만 발음이 거의 똑같은 단어 'Boy'를 말할 땐 한 번도 여자 같다고 생각하지 않았던 나의 고정 관념을 돌아보게 된다.

1층 이모들이 요즘 어떻게 지내는지 궁금해하는 엄마는 아직까지 성 소수자에 대한 편견이 남아 있는 사람 중 한 명이다. 하지만 이웃을 이웃으로 바라보고 특별한 이름을 붙이지 않았던 엄마 덕분에 나는 1층 이모들과 함께 즐거운 어린 시절을 보낼 수 있었다. 누구나 이웃을 이웃으로 보고, 보희 아빠를 보희 아빠로 볼 수 있는 세상, 성 정체성만으로 차별받거나 모욕당하지 않고 그저 이웃으로, 친구로서 모두가 환영받는 세상, 그 세상에서 더 행복해지는 건 바로 나 자신이다.

한 걸음 더 들어가기 ⊘

내 눈에는 안 보였으면 좋겠어.

김지혜, '선량한 차별주의자'

국가인권위원회 조사에 의하면 동성애자의 이름을 적어내도록 하거나 성적 소수자라는 이유로 학생을 징계하는 학교가 있는 것으로 밝혀졌고 또 다른 조사에 의하면 성 소수자 청소년 절반 이상이 이 사실이 알려진 후 욕설 등 언어적 모욕을 당했다고 한다. 세계인 권선언은 '모든 인간'의 존엄함을 인정하고 있다. 특히 인권의 가치를 배우고 익혀야 할 교육 현장에서 어떠한 소수성 때문에 차별받고 배제당하는 경험을 한다는 것은 교육의 목적에 반하는 일이다. 보편적이고 일반적인 기준을 모두 통과하는 사람이 있을까? 그리고 그 기준은 누구에 의해, 왜 만들어지는 것일까? 우리 모두는 누군가의 기준에 따라 소수자가 될 수 있다. 보희 아빠가 보희 아빠일 수 없는 세상에서 우리는 누구나 차별의 대상이 될 수 있다.

ⓠ 생각을 나누기 위한 질문

◉ 영화에서 보희 엄마는 가족사진 중에서 아빠가 나온 부분을 접어서 보이지 않게 한 후 액자에 넣어두었다. 보희 아빠가 분명히 존재하지만 보이지 않는 존재가 되었던 것처럼 내가 보이지 않는 것처럼 느껴졌거나 내 목소리가 들려지지 않고 주변으로 밀려났던 경험이 있다면 언제였는지, 그때 기분이 어땠는지 주변 사람들과 경험을 나누어 보자. 그리고 우리 사회가 보이지 않는 존재로 만들고 있는 사람들은 누구인지 이야기해보자.

이 선 영

코러스 | 감독 크리스토퍼 파라티에, 2005

6. 함께 노래할 권리

기적을 대하는 눈으로 아이들을 관찰하라.

마리아 몬테소리

합창의 힘, 폭력을 넘어서다!

〈코러스〉(Les Chorests)는 프랑스 영화로 우리말로는 '합창단'이다. 2차 세계대전 직후 프랑스의 한 작은 기숙학교에 전쟁으로 부모를 잃은 고아들과 가정에서 따듯한 돌봄을 받기 어려운 아이들이 모여 있다. 가르치기도 쉽지 않고 함께 살기도 어려운 아이들을 보는 교장과 교사들의 시선은 곱지 않다. 이들은 아이들의 행동에 즉각적인 처벌과 감금, 폭력으로 대처한다. 학교의 질서를 잡기 위한 유일한 방법이라 믿었다.

이곳에 클레몽 마티유란 이름의 교사가 부임한다. 스스로를 실패한 작곡가로 여기는 마티유 선생은 기숙 학교의 교장이나 교사들과 달리 편견 없이 아이들을 만난다. 부임 첫날 교실은 아수라장이지만, 마티유 선생은 아이들에게 "무엇이 되고 싶은지, 각자의 꿈을 적으라"고 한다. 놀랍게도 아이들은 갑자기 차분히 앉아 각자의 꿈을 적는다. 다양한 직업을 꿈꾸지만 교사를 희망하는 아이는 없다.

글을 쓸 줄 몰라 연필을 입에 물고 있던 작은 아이 페피노는 부모가 돌아가셨는데도 토요일이면 교문 밖에 나가 아빠를 기다린다. 천사 같은 모습을 한 파란 눈의 소년 모항쥬는 수업 시간에 교장을 모욕하는 글을 노트에 낙서한 것이 발각되어 격리되는 등 자주 처벌의 대상이 된다. 강압적이고 지시적이며 폭력적인 교장은 수시로 아이들을 처벌하고 독방에 가둔다.

마티유 선생은 이런 아이들에게 해 줄 수 있는 일이 무얼까 곰곰이 생각한다. 아이들이 자기를 대머리라고 놀릴 때 장단 맞추어 노래를 흥얼거리던 일을 생각해내고, 노래를 부를 수 있다는 가능성에 희망을 건다. 합창단(Les Choristes)을 만들어 노래를 가르치며 아이들의 목소리에 따라 고음과 저음으로 파트를 정한다. 아이들이 노래를 배우고 화음을 만들어 갈 즈음, 마티유 선생은 벌받는 중이라 합창단에서 제외된 모항쥬가 빈 교실에서 노래하는 소리를 듣는다. 마티유 선생은 모항쥬의 음악적 재능을 알아차리고 솔리스트로 훈련시킨다. 모항쥬에게는 아름다운 어머니가 있다. 마티유 선생은 모항쥬 어머니에게 아들에게 특별한 음악적 재능이 있음을 알리고 전문적인 음악학교를 추천한다.

어느 날 이 학교에 몽당이라는 아이가 들어온다. 많은 문제를 일

으켜 정신과 치료 등 전문적 치료를 시도했으나 치유가 어려워 이 학교 교장에게 맡겨졌다. 몽당은 학교에 들어오는 순간부터 무서운 카리스마로 아이들을 제압하며 부정적인 영향을 주고 독방에 감금되기까지 한다. 어느 날 거액의 돈을 분실한 교장은 무조건 몽당을 범인으로 단정하고 자백을 강요하며 무섭게 폭력을 가한다. 견디다 못한 몽당은 교장에게 힘으로 대항한다. 결국 몽당은 경찰에게 잡혀간다. 얼마 후 분실된 돈이 발견되고, 몽당이 아닌 다른 아이가 범인이라 밝혀지나 교장은 자신의 잘못을 바로잡지 않는다. 모항쥬는 엄마를 누군가에게 빼앗길까 두려워했다. 엄마가 학교에 찾아와 마티유 선생과 아들의 장래에 대해 의논하는 모습을 교실에서 내려다보던 모항쥬는 잉크병을 아래로 떨어트려 선생님의 얼굴과 양복을 망쳐버린다.

합창단 소식이 학교운영이사회의 백작부인과 다른 이사들에게 알려지면서 이들을 위한 연주회가 준비된다. 마티유 선생은 준비된

연주에서 모항쥬를 배제한다. 한쪽 구석에 서 있는 모항쥬를 빼놓고 시작된 합창이 절정에 이르렀을 때였다. 마티유 선생은 구석에 혼자서 있는 모항쥬에게 눈으로 솔로를 지시한다. 예기치 못했던 선생의 초청에 모항쥬는 마음을 다하여 영혼을 울리는 아름다운 노래를 불러 청중을 감동케 한다. 연주를 마무리하며 모항쥬는 선생님에게 감사의 마음을 눈으로 전한다. "제가 해 냈습니다, 선생님 덕분에요, 용서해 주셔서 감사합니다, 믿어주셔서 고맙습니다."

교장이 이사회 참석으로 학교를 비운 사이에 마티유 선생은 아이들의 소원인 자유 시간을 주고 싶어 아이들을 숲속으로 데려갔는데 그 사이에 학교 건물이 불에 타는 사고가 일어난다. 몽당이 교장에 대한 원한을 품고 저지른 일이다. 이 일로 교장은 마티유 선생을 해고하고 아이들과 마지막 인사를 할 수 있는 기회마저 차단한다. 아이들의 얼굴도 보지 못하고 떠나는 마티유 선생에게 아이들은 종이 비행기 안에 사랑과 존경을 담아 날려 보낸다. 학교 화재 후, 교장은 경영 미숙과 지도자로서 부족한 자질이 드러나 파면된다. 마티유 선생이 떠나던 그날은 토요일이었다. 토요일마다 아빠를 기다리던 페피노도 그날 마티유 선생과 함께 떠난다.

세월이 지나 마티유 선생이 찾아 개발해 준 음악적 역량을 발휘하여 저명한 지휘자가 된 모항쥬는 페피노와 만난다. 그는 페피노에게 마티유 선생이 그 어떤 명예나 부를 추구하지 않고 이름 없이 사명감을 실천하는 음악가로 살다가 세상을 떠났다는 소식을 듣는다.

마티유 선생이 기숙 학교에 부임하던 날부터 떠날 때까지 기록한

일기를 성인이 된 페피노가 모항주에게 건네주고, 모항쥬가 그 일기
장을 읽어 내려가면서 영화 〈코러스〉는 시작된다.

한 걸음 더 들어가기 ↻

힘 있는 자가 아동에게 가하는 폭력은 어떤 경우에도 정당화될 수
없다. 아동에게 가하는 모든 폭력은 예방 되어야 한다.

유엔 아동폭력보고서(2006)

영화 〈코러스〉에는 불어를 모르는 사람도 다 알아들을 수 있을

만큼 빈번하게 들려오는 단어가 있다. 악시옹(Action), 레악시옹(Reaction)! 영어로도 철자는 같고 발음만 조금 다르다. 액션, 리액션! 이 두 개의 단어로 교장과 교사는 아이들을 제압하고 조정하려 한다. 아이의 실수에 즉각적인 체벌로 대응한다. 두 번째로 자주 나오는 대사는 교장이 교사에게 "아이들을 모른다! 모르니 당하는 거다"라고 하는 말이다. 교장 자신은 아이들을 잘 알아서 제대로 대처하고 마티유 선생은 아이들을 몰라서 당한다며 무시한다. 아동이 누구인지, 어떤 존재인지 진정으로 알고 있는 사람은 누구일까?

폭력은 아동을 신체적으로 상하게 할 뿐 아니라 마음에도 상처를 낸다. 아동이 존재론적으로 누구인지 명확히 아는 일과 아동을 긍정적으로 훈육해야 하는 일 사이에는 깊은 연관성이 있다.

Q 생각을 나누기 위한 질문

◎ 코러스에 등장하는 몽당은 과연 누구인가? 몽당이 과연 누구인지 존재론적으로 정의를 내려보자.

◎ 몽당에게 가해진 폭력들은 정당한가? 아동에게 가하는 폭력을 예방하기 위해 무엇을 어떻게 해야 할까? 함께 생각해 보자.

김인숙

나는 합창단원입니다

아동권리교육에 관해 복지기관 교사들과 이야기를 나누는 자리에서 한 선생님이 질문을 던졌다. 기관의 몇몇 아이들이 뮤지컬을 배우며 공연 연습을 하던 중에 지역축제에 초대를 받았다. 그런데 학생들은 무대에 서고 싶어 하면서도 팀 소속을 밝히고 싶지 않아 한다. 주최 측에서는 기관 아이들로 소개되길 원하고 아이들은 소속을 밝히면 공연에 나가지 않겠다고 하는 상황에서 이 문제를 어떻게 해결해야 할지 고민이라는 이야기였다. 영화 〈코러스〉의 퐁드레탕 아이들이 백작부인 앞에서 첫 공연을 펼치는 모습을 보며 뮤지컬단 아이들이 떠올랐다. 뮤지컬단은 무사히 첫 공연을 치를 수 있었는지, 공연을 했다면 그 무대는 아이들에게 어떤 기억으로 남았을지도 궁금해졌다.

영화 속 첫 공연에서 퐁드레탕 아이들은 자신에게 음악을 알려준 마티유 선생님에게 온전히 집중하며 선생님의 눈빛에서 안도감과 자신감을 느낀다. 합창단으로 포상을 받고 싶어 하는 교장의 욕심도, 후원자인 백작부인의 감탄도 그들에게는 중요하지 않다. 음악은 그들의 미래를 준비하는 수단도 아니고 후원자에게 감사하는 수단도 아니며 학교의 수준을 증명하는 도구도 아니기 때문이다. 서로의 눈빛, 목소리에만 집중하는 순간 선생님과 아이들은 삼류 작곡가, 수준 낮은 학교의 아이들이 아니라 그저 음정 하나하나에 집중하며

화음을 만들어 내는 합창단이다.

　내가 만났던 합창단, 오케스트라 단원 아이들 또한 퐁드레탕 아이들과 다르지 않다. 화음이 맞을 때까지 땀 흘리며 연습하고 자신의 악기를 누구보다 소중하게 다룬다. 저소득층 아동을 위해 마련된 후원금으로 운영되거나 복지시설 소속인 경우가 많았지만 노래하고 연주할 때 그들은 그저 한 명의 음악인이다. 그들의 연주는 어려운 환경을 극복하는 모습을 통해 다른 사람에게 동기 부여를 하기 위한 방법도, 후원 덕분에 잘 지내고 있다는 것을 증명하기 위한 수단도 아니다. 우리가 보고 들어야 할 것 또한 그들의 음악일 뿐 그들로부터 확인받고 싶은 감동 스토리가 아니다.

　뮤지컬단 아이들은 그들의 춤과 노래에 온전히 집중하지 않을 시

선, 감동받으려는 그 마음이 불편했을지 모른다. 아이들은 자신들의 열정으로 빛나야 할 그 무대를 'OO기관'이라는 이름 때문에 만들어질 수 있는 차별의 시선 속에 가두고 싶지 않았을 것이다.

퐁드레탕 아이들의 첫 공연은 아이들 한 명 한 명이 온전히 자유롭게 참여해 만들어진 것이고, 음악 이외의 다른 것을 목적에 둔 활동이 아니었기에 모든 아이들에게 행복한 장면으로 기억되었다. 그리고 그들이 만들어 내는 화음과 그 순간의 충만함에 온전히 집중한 관객이야말로 공연 이후의 아이들의 삶까지 제대로 응원하는 관객이 될 수 있을 것이다. 뮤지컬단이 그런 관객을 하루빨리 만날 수 있기를, 그래서 무대에 올라가는 즐거움을 마음껏 누릴 수 있기를 바란다.

한 걸음 더 들어가기 ⟳

모든 아동을 위한 접근성과 관련성을 보장하고, 아동의 필요와 열망을 고려하여 문화 활동을 지원할 수 있도록 모든 문화 정책, 프로그램 및 기관을 검토해야 한다.

유엔아동권리위원회 일반논평 17호,

'휴식, 여가, 놀이, 오락활동, 문화생활 및 예술에 대한 아동의 권리'

유엔아동권리위원회는 아이들이 마음껏 놀고 자유롭게 문화를 향유할 수 있는 권리를 매우 중요하게 여긴다. 아이들의 삶에 아주 중요한 영향을 미치는 이 권리가 '잊혀진 권리'가 되지 않도록 온 사회가 노력해야 한다고 강조하고 있다. 특히 문화, 예술 활동을 통해 아동이 그들의 정체성을 표현하고 자신들의 존재에 의미를 부여하는 일, 그들의 삶에서 마주치는 외부의 영향력으로부터 세계관을 확립하는 활동을 지지한다고 밝히고 있다.

폭력적이고 억압적인 기숙학교에서 늘 통제받고 수동적이던 퐁드레탕 아이들이 화음을 만들며 자신의 존재를 확인하고 친구들이나 선생님과 소통할 수 있었던 것처럼 아이들에게 문화와 예술은 완성도와 결과에 관계없이 그 자체로 의미 있는 활동이다. 문화와 예술은 재능을 발굴하거나 역량을 개발하는 수단만이 아니며, 호의를 베푸는 자선의 도구도 아니다. 아동 모두는 문화와 예술을 마음껏, 자신들의 방법과 속도에 따라 향유할 권리가 있다는 것을 기억해야 한다.

ⓠ 생각을 나누기 위한 질문

◉ 국립대학의 학생은 나라의 지원을 받아 공부하고 시립합창단은 시민의 세금으로 운영되지만 그 사실 때문에 소속을 밝히는 것을 망설이지는 않는다. 이런 사람들을 돕는 것은 '투자'라고 여겨지기 때문이다. 그런데 왜 경제적으로 어려운 환경에 놓인 사람들을 돕는 일은 '자선'이나 '경제적 부담'으로 받아들여지는 것일까? 특정한 도움에만 차별적 시선이 따라오는 이유는 무엇인가?

이 선 영

스포트라이트 | 감독 **토마스 맥카시, 2015**

7. 팀 플레이가 필요한 시간

우리가 만일 아동에게 가해지는 폭력을 인정하거나 용인한다면
그 누구도 아동들의 눈을 똑바로 쳐다볼 수 없을 것이다.

유엔 아동폭력보고서

그게 언론입니까?

미국의 3대 일간지 중 하나인 '보스턴 글로브'에 새 편집국장이 부임한다. 마티 국장은 팀장을 포함 4명으로 구성된 '스포트라이트' 팀에게 성직자의 아동 성추행 관련 사건을 심층 취재할 것을 지시한다. 노련한 언론인 로비를 팀장으로 마이클, 사샤, 맷으로 꾸려진 4인조 스포트라이트 팀은 사명감과 전문성을 걸고 한 성직자의 아동 성추행 사건의 심층 취재에 돌입한다. 사건을 파헤칠수록 진실의 문은 더욱 닫히는 것만 같다. 속수무책으로 엄청난 일을 당한 힘없는 아이들을 어둠 속에 감춘 채 거대한 힘을 지닌 교회 지도자들, 모든 걸 장악하고 있는 교회조직 그리고 이들을 둘러싼 신앙공동체는 진

실과 대면하기를 두려워하고 거부한다.

어떠한 난관이나 장벽도 두려워하지 않는 스포트라이트 팀은 과거 아동성추행 사건을 다룬 기사들을 중심으로 조사한다. 피해자들의 모임이 있다는 것도 알아내 그들을 인터뷰하기도 한다. 그렇게 사건에 깊이 접근해 들어가면서 아동성추행 가해 신부가 한두 명이 아님을 알게 된다. 과거에 사건을 다뤘던 변호사들도 만나 그들이 교회의 입장에서 합의를 하고 사건을 마무리한 사실도 확인한다. 변호사들은 자신들의 당시 결정이 최선이었다고 고백한다. 이들은 "사과 한두 개 썩었다고 사과 상자의 모든 사과를 버릴 수 없지 않냐"고 반문한다.

투철한 사명감으로 하나 된 스포트라이트 팀은 밤낮 없이 뛰면서 도서관 문이 닫힐 때까지 자료를 열람하고, 증빙이 될 문건을 찾아내 조사한다. 가톨릭교회 인명부를 조사하던 중에 별다른 이유 없이 3~4년마다 교구를 옮겨 다닌 신부들의 이름 옆에 '병가' 혹은 '미배치'란 사유가 달려있는 것을 발견하고 수상히 여긴다. 교회가 아동성추행 범죄를 묵인하며 은폐했고, 성직자들이 범죄 후 타 교구로 옮겨 다님으로써 아동의 몸과 마음과 영혼을 죽이고 있었던 것이다. 게오건 신부의 성추행 사건으로 시작한 스포트라이트 팀은 취재를 통해 아동 성추행 가해자로 의심되는 87명의 신부 명단을 찾아낸다. 이 과정에서 피해 아동도 수백 명에 이른다는 것을 알게 된다.

스포트라이트 팀이 만난 피해자들은 이미 성인이 되었음에도 당시의 수치스럽고 고통스러웠던 사건을 떠올리며 눈물 흘린다. 피해자 모임 대표 필 사비아노는 자신이 신부로부터 처음 성추행 당한 때가 아버지가 자살하신 직후였던 12살이었다고 말한다. 필의 진술에 의하면 피해 아동들은 보통 11~13살 아이들로 성별 구별 없이 피해를 당했다. 보통 한부모 가정의 아이들, 집안이 어려운 아이들, 부모님이나 가족이 세상을 떠났거나 가정에 불행이 닥쳐 많이 힘들어하는 아이들이 표적이 되었다고 한다. "순수한 신앙심이 생겨나는 시기의 아이들에게 성직자는 하나님 같은 존재였다. 하나님이 요구하고 시키는 일을 감히 하지 않을 수 없었다"고 피해자들은 고백한다. 그런 수치스럽고 아픈 경험을 한 피해 아동들은 그 기억을 잊기 위해 대부분 술과 마약에 빠져들었다. 완전히 영혼이 망가지는 죽음 같은 고통의 시간이었다고 이들은 말한다.

대부분의 변호사들은 골치 아픈 사건이라며 사건 수임을 피했다. 이들은 피해자가 목소리를 내지 못하는 힘없는 아동이고, 공소시효도 지났다는 핑계를 댔다. 과거에도 여러 차례 이 문제가 수면 위로 떠올랐고, 변호사가 20명의 가해 신부의 명단을 '보스턴 글로브'에 보낸 적도 있었으나 그때도 없었던 일처럼 사건이 묻혀버렸다고 한다.

스포트라이트 팀은 가해자 명단을 확보하고, 피해자들의 진술도 정리한다. 피해자들의 항의 편지와 가톨릭교회가 성직자의 아동 성추행사건을 조직적이며 집단적으로 은폐해왔다는 증거문서도 손에 넣는다. 마이크는 로비 팀장에게 당장 기사를 내자고 강력하게 주장하지만, 로비 팀장은 신중히 하자고 팀원들을 설득한다. 언론이 같은 실수를 반복해선 안 된다며 사제 한 명을 쫓지 말고 가톨릭교회 전체 시스템의 문제를 쫓으라고 지시한다. 그러지 않으면 이 문제의 근원을 찾아 해결할 수 없기 때문이다.

힘이 없는 아이들에 비해 교회는 막강한 힘을 가지고 모든 걸 장악하고 있는 것이 현실이었다. 스포트라이트 팀은 아동의 인권을 옹호하기 위해 이 힘의 관계를 개선하는 것을 사명으로 받아들이고 생명을 걸고 일한다. 로비 팀장은 팀원들이 사력을 다한 심층 취재를 통해 찾아낸 가해자 명단과 증거서류를 친구인 변호사 짐 설리번으로부터 어렵게 확인을 받아낸다. 드디어 수십 년간 은폐되고 묵인되어온 진실이 낱낱이 고발된다.

진실이 세상에 알려진 날, 또 다른 수많은 피해자들의 목소리가 세상에 드러나기 시작한다. 기사가 나간 다음 날 아침, 일요일임에도 '보스턴 글로브' 사무실의 전화기는 불이 난다. 스포트라이트 팀도 전화 받는 일에 합세한다. 아픔을 참으며 숨죽이고 소리 없이 견디던 수많은 피해자들이 용기내 자신의 목소리를 내기 시작한 것이다. 비록 아동일지라도 자신의 권리가 침해되었을 때 두려워하지 않고 소리를 낼 수 있는 변화된 환경이 만들어진 것이다. 스포트라이트 팀이 해내고 말았다!

아동에게 가하는 성추행, 성폭력, 성 착취 문제는 한 교구나 도시에 국한된 문제가 아닌 전 세계 모든 나라에서 일어나고 있는 심각한 문제라는 것을 이 영화는 고발하고 경고한다. '이 시대 최고의 저널리즘 영화'라는 높은 평가를 받은 이유도 여기에 있다. 영화에서 아동성추행 사건을 심층 취재하도록 지시한 마티 국장은 "독자들에게 필수적인 언론이 되어야 한다"고 말한다. 스포트라이트 팀원 마이크 역시 개러비디언 판사가 문건을 건네주며 "언론이 이런 걸 보도 합니까?"라고 하자 "이런 걸 보도 안하면 그게 언론입니까?"라고 되받아친다. 눈에 잘 보이지 않고 목소리도 들리지 않는 약자 중의 약자인 아동들의 인권을 옹호하기 위해 언론 전문가들이 사명감과 전문성을 극대화하면서 멋진 팀플레이를 보여주며 세상을 바꾸어 나가는 모습은 이 영화의 백미다.

한 걸음 더 들어가기 ⊙

  전 세계 모든 국가의 아동권리이행 현황을 심의하는 국제아동권리모니터링 기구인 유엔아동권리위원회는 이 세상에 존재하는 그 어떤 나라도 아동에게 가하는 폭력의 문제로부터 자유롭지 않다고 보고한다. '아동에게 가하는 폭력'의 문제는 전 세계 모든 나라에서 일어나는 가장 심각한 아동인권침해 이슈다. 아동에게 가하는 폭력은 아동학대, 방임, 유기, 유괴, 살해, 성폭력, 성 착취, 노동 착취 등 다양한 형태로 드러난다. 전문가들은 이러한 각종 폭력 중 피해 아동의 치유와 회복이 가장 어려운 것이 성폭력 피해라고 말한다. 성폭력은 신체적인 고통뿐 아니라 정서적·정신적으로 한 인간의 삶을 망가트리는 행위이기 때문이다. 영화 스포트라이트를 통해 우리는 아동에게 가한 성폭력이 아동의 신체적·정신적 상처로 끝나지 않고 영적인 고통을 주는, 천하보다 귀한 영혼을 파괴하는 무서운 폭력임을 볼 수 있다.

가해자를 찾아내 법적으로 강하게 처벌하는 것도 시급하지만 이런 일이 일어나지 않도록 예방하는 일은 더욱 중요하다. 아동인권 침해 사례의 해결안을 고민할 때 우리가 현상적인 원인 규명과 함께 근원을 찾아 구조적인 접근으로 문제해결에 다가가는 노력에 집중해야 하는 이유이기도 하다.

ⓠ 생각을 나누기 위한 질문

◎ 이제 막 싹트는 어린 생명에 가해지는 각종 폭력을, 특히 성적 폭력과 착취를 어떻게 예방할 수 있을까? 함께 생각해 보자.

김 인 숙

종지부를 찍는 법

영화의 제목이기도 한 스포트라이트는 '보스턴 글로브' 탐사보도 팀의 이름이다. '무대의 한 부분이나 특정한 인물만을 특별히 밝게 비추는 조명 방식'이라는 의미처럼 스포트라이트 팀은 가톨릭 보스턴 교구 사제의 아동 성추행 사건을 집중 취재한다. 처음에 게오르그 신부 한 사람의 성추행 사건을 취재하던 기자들은 피해 아동이 더 많다는 사실을 알게 되고 상당수의 신부가 아동을 성추행하고도 처벌을 받지 않았으며 교구가 나서 피해자와 합의한 후 사건을 은폐했다는 것을 알게 된다. 기자들은 취재 후 밝혀진 사실을 서둘러 보도하길 원하지만 편집장과 팀장은 신부 개개인이 아닌 교회의 관행과 정책, 체계적으로 은폐한 정황을 파헤치길 요구한다. 사실관계가 대부분 파악된 후에도 팀장은 보도를 미루며 이야기한다. "전체(Full Scope)를 파악해야 해. 종지부를 찍는 방법은 그것뿐이야."

팀장의 말대로 아동에게 가해지는 폭력의 종지부를 찍는 방법은 전체를 파악하는 방법뿐이다. 우리나라에서 벌어진 '스쿨미투' 운동 당사자들의 주장 또한 전체를 파악해야 한다는 것이었다. 학생들이 고발한 것은 '일부 교사'가 아니라 '학교'다. 학생들이 고발한 것은 성추행과 성폭력의 가해자인 일부 교사뿐 아니라 폭력을 은폐한 학교, 성폭력을 해결하지 못하는 공적 체계였다. 하지만 소수가 경험한 몇몇 사건 때문에 학교 전체와 교육계 전반이 혼란스러워졌다고 불편

해하는 사람들이 있다. 그래서일까? 명확히 밝혀진 사건조차 소극적으로 처리되기도 한다.

교회를 지키고 보스턴을 지키고 싶어 하는 영화 속 인물들도 같은 이야기를 한다. 성추행을 저지른 것은 몇몇 사제일 뿐 교회는 여전히 많은 사람들에게 꼭 필요한 곳이라는 말, 당신도 결국 보스턴에 살 거라면 문제를 크게 만들지 않아야 한다고 회유하는 말 등 기존의 관행과 정책을 지키려는 말들이 가득하다. 하지만 그들이 지키고 싶어 하는 교회와 보스턴에는 아동이 없다. 빛이 비춰지지 않는 어둠 속에 아동을 숨겨둔 채 어른들만의 세상이 유지될 뿐이다.

성폭력이 가능한 구조 속에 아동을 둔 채 지킬 수 있는 것은 무엇일까? 인권이 없는 학교, 아동의 목소리가 들리지 않는 국가 체계, 폭력이 반복되는 구조가 유지될 뿐이다. 스포트라이트 팀 기자 한 사람 한 사람이 폭력이 가능한 구조 전체를 끝까지 파악했던 것처럼 폭력의 종지부를 찍기 위해서는 조명이 비추는 범위를 전체로 확대해야 한다.

사건이 밝혀지기 위해 스포트라이트 팀에게 조력했던 변호사는 "아이를 기르는 것도 마을의 책임이지만, 학대하는 것도 마을 전체의 책임"이라고 말한다. 스포트라이트를 더 넓게 밝히고 아이들을 어둠이 아닌 빛 속에 있도록 하는 것은 모두의 책임이다.

한 걸음 더 들어가기 ⟳

최근 들어 갑자기 성폭력과 갑질이 발생한 게 아니라는 점은 두말할 필요가 없다. 이와 같은 상습적 폭력이 구조적이라면, 곳곳에서 벌어지는 폭력 행위는 한국 땅 전체가 돌발적 폭력의 지뢰밭임을 보여준다.

홍세화, '결: 거칢에 대하여'

2019년 10월 유엔아동권리위원회는 한국에서 성폭력 및 학대가 여전히 만연해 있고, 온라인 아동 성매매 및 교사에 의한 성희롱이 급증했다는 것, 아동이 성적 착취로부터 보호받지 못하는 것에 대해 심각한 우려를 전달했다. 이와 함께 성적 착취, 학대를 막기 위한 모든 조치를 취하고 성범죄자들에 대한 처벌을 국제기준에 부합하도

록 할 것을 권고했다. 그런데 이 권고 이후 아무것도 달라지지 않았다는 것이 2020년 텔레그램 성착취 사건으로 드러났다. 피해자 중 다수가 아동이고 수만 명의 공범이 있다는 사실과 잔혹함 때문에 온 나라가 충격에 빠졌다. 이 사건은 수많은 성폭력 사건들이 발생했을 때 종지부를 찍지 못하고 구조적인 해결책을 마련하지 못했던 결과물이기도 하다. 이번에도 실패한다면 또 어떤 형태의 폭력이 얼마나 많은 아동의 삶을 위협하게 될지 모른다. 유엔은 아동폭력보고서를 통해 "우리가 만일 아동에게 가해지는 폭력을 인정하거나 용인한다면 그 누구도 아동들의 눈을 똑바로 쳐다볼 수 없을 것이다"라고 했다. 온 국민이 목격자이자 증인이 된 텔레그램 사건마저도 제대로 처리되지 않는다면, 이번 사건을 계기로 구조적인 해결책이 마련되지 못한다면 아이들의 눈을 똑바로 쳐다볼 수 있는 사람은 아마도 없을 것이다. 모두가 한 팀이 되어 끝까지 지켜봐야 한다.

생각을 더하기 위한 활동 🔎

◎ 세상의 많은 폭력은 위력에 의해 발생한다. 아동에 대한 폭력을 막기 위해서는
아동을 어떤 존재로 바라보느냐가 중요하다. 초록우산 어린이재단이 제작한 아
동학대예방 영상 '심리상담소 - 안 좋은 습관을 고쳐드립니다'를 통해 성인들의
아동관에 대해 생각해볼 수 있다.

이 선 영

아름다운 세상을 위하여 | 감독 미미 레더, 2001

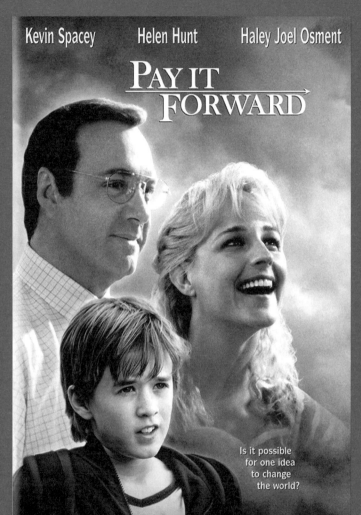

8. 밀알이 된 사람들

국가는 아동의 생존과 발달을 최대한 보장해야 한다.

유엔아동권리협약 제6조 2항

'한 알의 밀알'이 맺은 열매들

영화 〈아름다운 세상을 위하여〉의 원제는 'Pay It Forward!'다. 직역하면 '선지급!' '먼저 갚으라!' '먼저 베풀라!' '먼저 도우라!' 정도로 이해된다. 비 오는 밤, 한 기자가 범법자와 경찰이 대치하며 총격전을 벌이는 곳을 지나다가 자신의 신분을 밝히며 무슨 일인지 묻는다. 위급한 상황 속에서 경찰은 기자의 참견이 달갑지 않다. 범인이 도주하는 상황에서 총격전이 추격전으로 바뀌고 기자의 자동차가 박살이 난다. 황당한 얼굴로 비를 맞고 서 있는 기자 앞에 한 노신사가 다가온다. 자동차 열쇠를 주며 차를 줄 테니 타고 가라 한다. 꿈만 같은 상황에 놀란 기자는 "재규어를 준다구요? 왜요?" 하며 따져

묻는다. 신사는 '선행나누기'(Pay It Forward!)라는 엉뚱한 한 마디를 남긴 채 어둠 속으로 사라진다. 믿기지 않는 '재규어 사건'은 4개월 전, 작은 마을의 한 중학교 교실에서 일어난 일과 연관된다.

학교에 새로 부임한 유진 시모넷 선생은 새 학기를 시작하면서 세상을 바꿀 아이디어를 찾아 실천하기라는 과제를 준다. 시큰둥한 학생들 속에서 한 소년의 눈이 빛난다. 중학교 1학년인 13세의 앳된 소년인 트레버다. 소년은 "정말 세상을 바꿀 수 있을까?" 진지하게 고민하며 전략을 짠다. 세 명에게 도움을 주고, 도움받은 세 명이 각각 세 명의 다른 사람에게 도움을 주는 방법이 그것이다. 트레버는 주변의 작은 일부터 시작한다. 아빠 없이 아들을 키우기 위해 2개의 직업을 가지고 분주하게 사는 엄마를 위해 부엌일을 하고, 노숙인을 몰래 집에 들여 음식을 주고 씻게 한다. 도움받은 노숙인은 트레버 엄마의 고장 난 트럭을 고쳐 시동을 걸어주고…. 알코올 중독 할머니의 도움으로 그의 자동차 안으로 피신하여 경찰을 따돌린 도망자는 병원 응급실에서 유명한 변호사의 딸을 구해주고, 도움받은 변호사는 난처한 일을 당한 기자에게 자동차 '재규어'를 선물하고, 도움받은 기자는 친구 주지사의 도움으로 도망자의 집행유예 기간을 줄여준다. 한 작은 소년의 성실한 과제수행은 이렇게 꿈같은 이야기를 만들어간다.

학생들에게 과제를 준 시모넷 선생은 화상 2급 장애인이다. 그 역시 자기 문제를 해결하지 못한 사람으로 다른 이들의 도움을 받아들이지 못하는 정서적 장애를 지녔다. 명석하고 사려 깊은 트레버는 시모넷 선생 역시 도움이 필요한 사람임을 안다. 트레버의 엄마도 도움이 필요한 어른이다. 트레버는 엄마와 시모넷 선생님에게 '선행 나누기'(Pay It Forward)를 시도한다. 시모넷 선생은 어린 시절 아버지의 심한 학대를 받았다. 아버지는 폭력을 가할 뿐 아니라 아들의 몸에 심한 화상을 입혀 2급 화상 장애인으로 살게 했다. 시모넷 선생은 자신의 몸에 기름을 붓고 불을 지르던 아버지의 모습과 눈빛을 잊을 수 없어 괴로워한다. 트레버는 시모넷 선생이 사람을 신뢰하고 과거의 아픔을 대면할 수 있도록 돕는다. 트레버의 엄마 역시 자신과 아들을 버리고 기약 없이 집을 나갔다가 아무 때나 돌아오곤 하는 폭력적인 남편 때문에 어려움을 겪고 있다. 트레버는 번번이 이런 아빠를 단호하게 거절하지 못하는 엄마의 연약함을 일깨운다.

우연하게 재규어 선물의 수혜자가 되어 이 '선행나누기'(Pay It Forward!)에 연결된 기자는 이 기이한 모든 과정을 추적한 끝에 트레버를 찾아온다. 교실에서 진행한 트레버와의 인터뷰 장면이 전국에 방송된다. 기자는 트레버에게 자신이 한 일에 만족하는지 묻는다. 트레버는 많은 좋은 성과들도 있지만 두려움 때문에 돕지 못해서 후회되는 일도 있다고 고백한다. 몸이 약한 친구가 힘센 여러 친구들에게 괴롭힘을 당할 때 뛰어들어 돕지 못한 일이 바로 그것이다. 인터뷰 말미에 트레버는 이런 말을 남긴다. "사람들을 잘 살피고 돌봐야 해요. 혼자서는 못하니까요. 자전거를 고치는 일 보다 훨씬 중요한 일이죠. 사람을 고치는 일이니까요."

인터뷰를 주시하며 어린 트레버의 이야기를 듣던 시모넷 선생님

과 트레버의 엄마는 함께 인생을 다시 시작할 수 있는 용기를 얻는다. 인터뷰를 마치고 자전거를 타고 집으로 향하던 트레버는 또다시 연약한 친구 아담이 힘센 아이들에게 괴롭힘을 당하는 장면을 마주하게 된다. 자전거를 멈추고 달려가서 괴롭히는 친구들을 말리던 트레버는 칼에 찔리고 만다. 병원으로 실려 가지만 트레버는 사망한다. 그날 밤 아들을 잃은 슬픔에 빠진 트레버의 엄마를 위로하며 곁을 지키던 시모넷 선생의 눈에 놀라운 광경이 보인다. 트레버의 친구들, 선생들, 이웃의 아이들, 그들의 부모와 조부모들까지 온 마을 주민이 약속이나 한 듯이 한 손에 촛불을, 다른 한 손에 꽃을 들고 트레버의 집을 향해 줄지어 다가오는 것이다. 그들이 밝힌 촛불이 온 마을을 비추고 있었다. 트레버는 아름다운 세상을 위하여 죽었다. 한 알의 밀알이 땅에 떨어져 죽으므로 많은 열매를 맺듯이.

한 걸음 더 들어가기 ↻

한 알의 밀이 땅에 떨어져 죽지 아니하면 한 알 그대로 있고 죽으면
많은 열매를 맺느니라.

요한복음 12장 24절

아동은 미숙하다고 말한다. 그러나 아동의 미숙은 결핍(Lack)이
아니라 '성장하는 힘'(Power To Grow)이라고 존 듀이는 말한다. 이
러한 이론은 유엔아동권리협약 제5조에 등장하는 아동의 진화능력
(Evolving Capacity)이라는 개념과 맥을 같이한다. 영화에서 트레버
는 이제 막 초등학교 과정을 마친 중학교 1학년 신입생인 13살 소년
이다. 사람들은 트레버를 보고 '저 애가 뭘 하겠어?'라고 생각할 수
있다. 트레버 자신도 '이 험한 세상이 바뀔까? 정말 세상이 바뀔 수
있을까?'라고 자문해 보기도 한다.

그러나 그는 용기를 낸다. 고민하며 깊이 생각하고, 전략을 세운
다. 그리고 실천에 옮긴다. 그렇게 가까운 곳, 자기가 할 수 있는 쉬
운 일부터 시작한다. 작은 도움이 만들어 내는 놀라운 변화를 본다.
작은 봉사의 몸짓이 다른 큰 도움을 낳고, 놀라운 기적으로 바뀌는
걸 경험한다. 오해와 미움, 혐오와 무시, 배제가 포용과 관용, 용서
와 화해로 바뀌는 것을 보면서 희망을 품는다.

트레버는 자신이 받은 사회 숙제를 성실히 수행하면서 세상을 바
꾸는 것이 가능하다는 확신을 얻는다. 서로를 세심하게 돌보고, 먼

저 도움의 손길을 내밀어야 한다는 것도 깨우친다. 세상을 바꾸기 위해서는 사람이 먼저 변해야 하는데 스스로 고치기 어려우니 먼저 도움의 손길을 내밀자고 트레버는 말한다.

◎ 생각을 나누기 위한 질문

◉ 이 영화에서 우리가 놓치기 쉬운 부분은 '트레버를 칼로 찌른 또래 친구는 과연 누구인가?'다. 어떻게 이런 일이 있을 수 있을까? 누구의 책임일까? 이런 일이 다시 일어나지 않도록 예방하려면 무엇을 해야 할까? 어떻게 문제를 풀어가야 할까?

김인숙

먼저 값을 치러야 할 사람은 누구인가

'선행나누기'라는 의미로 쓰인 'Pay It Forward'를 문자 그대로 해석하면 먼저 값을 치른다는 뜻이다. 대가가 아직 주어지지 않은 상태에서 값을 먼저 치른다는 것은 불안과 위험이 따른다. 값에 상응하는 대가나 보상이 주어지지 않을 수도 있고 상대의 마음이 바뀌거나 상황이 달라질 수도 있기 때문이다. 그리고 이럴 경우는 먼저(Forward) 지출(Pay)하는 것이 아니라 아무 의미 없는 지출이 되고만다. 누군가 기꺼이 내어준 것이 또 다른 누군가에게 도움이 되었을 경우에만 'Pay It Forward'를 '선행, 희생'으로 해석할 수 있다.

트레버는 "세상이 너에게 무엇을 기대할까?"라는 사회 선생님의 질문과 함께 세상을 변화시키기 위한 과제를 시작한다. 트레버는 한 사람에게 아주 결정적인 도움을 주고 그 사람이 다시 세 사람을 돕게 할 수만 있다면 도움을 주는 사람의 수가 기하급수적으로 늘어나 결국 세상이 바뀔 것이라는 'Pay It Forward'(선행나누기)를 제안한다. 친구들은 그런 일은 유토피아에서나 가능하다고 비웃지만 트레버는 신뢰가 있다면 가능하다고 믿는다.

실제로 트레버의 선행은 점점 더 많은 사람들에게 퍼져 가고 다른 도시 사람들에게까지도 영향을 미치게 된다. 하지만 학교 폭력으로 괴로워하던 친구를 위해 용기를 낸 순간 가해자인 학생의 칼에 맞아 트레버의 행동은 멈춰버린다. 그 마지막 행동이 다시 세 사람에

게 선행을 베푸는 시작이 될지 아닐지 트레버는 확인할 길이 없다. 트레버의 죽음 이후 세상에 아무런 변화도 없다면 그것은 그냥 헛된 죽음일 뿐이다. 트레버를 추모하며 사람들이 들었던 촛불이 학교에서의 폭력을 다시 생각하는 시작이 되고 또 다른 희생자가 나오지 않는 변화로 이어질 때에만 비로소 트레버의 죽음은 의미를 갖게 될 것이다.

혜진이, 예슬이, 나영이, 세림이…. 사고와 폭력, 무관심과 안전불감증 때문에 세상을 떠나야 했던 아이들의 이름이다. 그리고 그 이름을 따서 아이들을 위한 법이 만들어졌다. '희생'의 사전적 의미를 찾아보면 '다른 사람이나 어떤 목적을 위하여 자신의 목숨, 재산, 명예, 이익 따위를 바치거나 버림. 또는 그것을 빼앗김'이라고 되어있다. 무엇과도 바꿀 수 없는 삶을 영문도 모른 채 내주어야 했던 아이들이 누구를 위해 어떤 목적을 위해 떠나야 했는지, 그것이 희생이었는지 아닌지를 결정하는 것은 남겨진 사람들의 몫이다.

"세상이 너에게 무엇을 기대할까?"라는 질문에서 선행을 시작했던 트레버는 '나는 세상에 무엇을 기대할까?'라는 숙제를 남겼다. 먼저 우리 곁을 떠난 아이들은 세상 사람들에게 무엇을 기대할까? 어떤 변화를 원할까?

이 아이들의 이름이 우리 사회의 결정적인 변화를 만든 존재로 기록될 때 트레버가 꿈꿨던 아름다운 세상이 만들어질 수 있다. 아이들을 먼저 고려하고 아이들을 위해 먼저 자원을 집중하는 세상이라면 더 이상 아이들이 돌이킬 수 없는 값을 치르지 않아도 될 것이다. 그동안 많은 아이들이 치러 온 값은 이미 너무도 지나치고 과도하다.

한 걸음 더 들어가기 ↻

> 아이들은 이렇게 외치고 있다. "우리가 언젠가 세상을 바꾸기를 원하신다면 적어도 성인이 될 때까지는 살아야 하지 않겠습니까!"
>
> 오드리로드, '시스터 아웃사이더'

우리나라에는 희생자 이름을 딴 법이 많이 있다. 선제적으로 제도가 마련되지 못했기 때문에 안타깝게 희생된 사람들이 그만큼 많다는 말이기도 하다. 교통사고로 아이를 잃고 아이의 이름을 딴 법

안의 통과를 촉구했던 어머니는 한 인터뷰에서 대책이 '아래에서 위'가 아니라 '위에서 아래로' 마련돼야 하는 것 아니냐고 물었다. 유엔 아동권리협약 4조는 국가가 아동의 권리 이행을 위한 모든 적절한 입법, 행정 및 기타 조치를 취해야 한다고 명시하고 있다. 아이들의 희생으로 위험이 증명되기 전에 위험을 예방하고 안전한 환경을 만들어야 할 의무가 있는 것이다. '선행나누기'(Pay It Forward)는 아이들이 아니라 의무를 가진 사람들이 먼저, '위에서 아래로' 행해야 한다.

⊙ 생각을 나누기 위한 질문

◉ "우리가 꼭 진실을 밝힐 거예요. 이 문제를 지금 해결하지 못하면 30년 후에 나 같은 사람이 또 가족을 잃고 이 자리에 앉아 있지 않겠어요?" 세월호 유가족의 육성기록 '금요일엔 돌아오렴'에 담긴 한 아버지의 이야기이다. 사회적 참사, 사건 이후 유가족들은 다시는 같은 일이 일어나지 않기를 바라는 마음을 담아 활동한다. 그럼에도 불구하고 유가족을 모함하거나 혐오하는 일들이 생기기도 한다. 최근 스쿨존 관련 법 개정에 대한 논쟁도 마찬가지다. 가슴 아픈 선행을 해야 했던 아이들과 유가족이 바꾼 것들, 그리고 바꾸려고 노력하는 것들은 누구를 위한 것일까? 그들 자신이 아니라 바로 우리를 위한 일, 우리를 돕는 일이 아닐까?

이 선 영

줄무늬 파자마를 입은 소년 | 감독 마크 허만, 2008

9. 인류애라는 감각

한 통계에 따르면 약 1200명의 주민이 수용소의 수인들에게 음식이나
의약품을 몰래 제공하거나 탈출로를 제공했다. 그 활동 때문에 주민들 177명이
체포되었고 그중 62명이 처형당했다고 한다. 야체크 스투프카라는
여섯 살짜리 아이도 비밀 지원에 힘을 보탰다는 기록이 남아있다.

조효제, '인권 오디세이'

소년의 우정, 가시철망을 넘다

가시 철망을 사이에 두고 어린 두 아이가 마주 앉아 있다.

"안녕! 내 이름은 브루노!"

"난 쉬미엘!"

"쉬미엘이라고? 그런 이름 처음 들어. 몇 살이야?"

"여덟 살."

"나두."

이렇게 두 아이가 만난다.

가시 철창 저편에 쭈그리고 앉아 있는 아이는 줄무늬 파자마를 입
었다. 반대편에 앉아 있는 아이는 반바지에 흰 셔츠와 조끼, 스타킹

에 구두까지 말끔하다. 이유를 모른 채 친구들과 헤어져 외롭게 지내던 동갑내기 두 소년이 만나는 장면이다.

얼마 전까지 살고 있던 도시에서 브루노는 학교를 마치고 친구들과 함께 비행기 모양을 하며 집으로 뛰어오곤 했다. 아이들이 천진하게 웃고 뛰어노는 길에서 총을 든 군인들이 사람들을 강제로 트럭에 태우는 모습이 보는 이들의 마음을 불안하게 한다.

친구들과 헤어지는 것이 많이 아쉽지만 독일 장교인 아빠의 승진으로 인해 도시를 떠나 유대인 수용소 근처의 관사로 브루노의 가족은 이사한다. 아빠는 이사 가는 곳이 어떤 곳인지, 그곳에서 자신이 어떤 일을 하게 될지 아이들은 물론 아내에게까지 숨긴다. 국가의 기밀이란 이유로 말이다. 수용소 근처에는 학교도 친구도 없으니 심심하고 외롭기만 하다.

호기심 많은 브루노는 창문을 통해 숲 너머에 있는 농장 같은 곳에서 줄무늬 파자마를 입고 다니는 농부로 보이는 사람들의 모습을 발견한다, 그래서 틈만 나면 그곳에 가보려 애쓴다. 어느 날 어른들의 눈을 피해 농장이 있는 쪽으로 달려간 브루노는 그렇게 원했던 또래 친구인 쉬미엘을 만나고 둘은 빠르게 친구가 된다. 브루노는 집에서 먹을 것을 가져다 쉬미엘에게 주고, 공을 가져다 함께 놀고, 체스놀이도 한다. 가시 창살이 그들의 몸을 갈라놓지만, 아이들의 우정은 그 창살을 넘는다.

어느 날 브루노는 쉬미엘이 자기 집 부엌에서 유리잔을 닦는 모습을 본다. 웬일이냐 물으니 손님 접대를 위한 준비 중인데 손이 작은 아이가 유리잔을 잘 닦을 수 있기에 자기가 오게 되었다고 말한다. 늘 배고파하던 쉬미엘을 생각해서 식탁 위에 놓인 과자를 먹겠는지 묻는다. 쉬미엘은 크게 고개를 끄덕인다. 브루노는 음식을 집어 쉬미엘에게 주고 쉬미엘은 그것을 허겁지겁 먹는다. 그때 독일 군인이 들어온다. 그는 유대인이 음식을 훔쳐 먹으면 어떻게 되는지 보여주겠다며 무섭게 위협한다. 쉬미엘은 무서워하며 훔치지 않았다고, 이 아이가 준 거라고 말한다. 그러자 군인이 브루노에게 사실이냐고 아는 아이인지 묻는다. 브루노는 너무 두려워 모르는 아이고 처음 본다고 말해버린다. 그리고 자기 방으로 들어가 부끄럽고 미안해 머리를 쥐어뜯는다. 뒤늦게 사과하려고 부엌으로 다시 내려갔지만 쉬미엘은 이미 떠나고 없다. 브루노는 사과할 기회를 얻기 위해 수용소 쇠창살 근처로 가보지만 만나지 못한다.

브루노의 엄마는 결국 이곳이 유대인 포로수용소이며, 자신의 남편은 이 수용소의 최고 책임자로 승진된 것이고, 숲 너머로 자주 피어오르는 연기의 정체 역시 알게 된다. 그녀는 이런 곳에서 아이들을 키울 수 없다고 격렬하게 저항한다. 브루노의 아빠는 아내와 아이들만 먼저 안전한 곳으로 보내기로 결심한다. 다시 이사를 떠나게 된 날, 브루노는 잠깐 놀다 온다고 엄마에게 말한 후 쉬미엘에게 마지막 인사를 하러 달려간다.

둘은 좋지 않은 소식을 서로에게 알린다. 브루노는 이사를 가게 되어서 다시 여기에 오기 힘들게 되었다고 말한다. 시무룩해진 쉬미엘도 일하러 갔다 돌아오지 않는 아버지를 찾고 싶다고 한다. 순간 의기투합한 두 아이는 함께 아버지를 찾기로 한다. 브루노는 이번 기회에 쉬미엘에게 저지른 잘못을 용서받고 싶은 마음이 간절하다. 땅을 파고 브루노가 창살 밑을 엎드려 통과한다. 쉬미엘이 겹쳐 입고 있던 줄무늬 파자마를 브루노가 입는다. 그리고 줄무늬 모자를 쓴다. 두 아이는 쉬미엘의 아버지를 찾기 위해 수용소 안으로 뛰어간다. 또 한 번의 학살이 시작되려는 찰나였다. 천진한 두 아이는 줄무늬 파자마를 입은 어른들에게 밀려 가스실로 들어간다. 두 아이가 어른들과 함께 들어가자 가스실의 문은 굳게 닫힌다. 이사준비가 끝난 엄마와 누나가 브루노를 찾아 나서고 회의 중인 남편을 불러 시급한 상황을 알린다. 뒤늦게 가시 철창 밑에 벗어놓은 브루노의 옷을 발견한 가족들이 절규하지만 굵은 빗줄기를 쏟아내는 구름 사이로 소각로에서 나온 짙은 연기가 하늘을 뒤덮는다.

한 걸음 더 들어가기 ↺

세계 모든 사람들은 존엄성과 권리를 가지고 동등하게 태어난다. 인간은 이성과 양심을 부여 받았으며 서로에게 형제애의 정신으로 대해야 한다.

세계인권선언문 제1조

포로수용소 근처 관사로 이사 온 8살 독일 소년 브루노는 가정 교사나 독일 군인들이 줄무늬 파자마를 입은 유대인에 대해 하는 말이나 태도를 도무지 이해할 수 없다. 자신이 만난 친구 쉬미엘도 유대인이지만 좋은 친구이고 나무랄 데 없는데 왜 어른들은 유대인을 '해충'이라고 부르는 걸까? 그들을 사람이 아니고 적이라며 왜 그토록 미워하는지 브루노는 이해하지 못한다.

브루노와 동갑내기 쉬미엘 역시 존엄성과 권리를 가지고 동등하게 태어났다. 두 친구는 모든 사람에게 부여된 이성과 양심을 가지고 서로를 형제애의 정신으로 대했다. 두 아이들 사이에는 어떤 편견도 차별도 없었다. 그들은 끝까지 우정과 사랑을 지켰다.

ⓠ 생각을 나누기 위한 질문

◉ 독일 장교인 브루노의 아버지는 왜 8살 아들도 아는 사실을 몰랐을까? 브루노의 아버지가 치른 대가는 무엇인가?

◉ 쉬미엘과 브루노의 죽음을 애도하는 마음에 차이가 있는가? 혹시 부르노의 죽음을 더 안타깝고 슬프게 느끼고 있지는 않은가?

김인숙

감각이 사라진 시간

"유년기는 이성의 어두운 시간이 자라기 전에 소리와 냄새와 시각에 의해 재단된다."(Childhood is measured out by sounds and smells and sights, before the dark hour of reason grows.) 영화는 이 문장과 함께 시작한다. 그리고 영화가 끝나고 나면 내가 바로 그 문장 속 '이성의 어두운 시간' 속에 살고 있다는 것을 깨닫게 된다.

브루노는 유대인을 악마, 해충이라고 하는 아빠와 가정 교사의 말을 믿을 수 없다. 그의 눈앞에는 자신과 다를 것 없이 공놀이를 좋아하는 친구 쉬미엘이 있고, 자신의 상처를 모른 채 하지 않고 정성스럽게 치료해주는 파벨 아저씨가 있기 때문이다. 브루노는 친구의 웃음소리를 듣고, 아저씨의 손길을 느끼며 온 감각을 사용해 자신이 지금 살고 있는 곳이 어디이며 내 옆에 있는 사람들이 누구인지를 알아간다.

청각과 후각, 시각이 살아있는 브루노는 어른들이 만들어 놓은 철조망으로 나뉜 세상도 한낱 몇 번의 삽질만으로 건널 수 있다는 것을 발견한다. 그렇게 견고하게만 보이던 철조망 바닥을 허물어 쉬미엘의 곁으로 간다. 하지만 그 시간에도 나는 독일 장교의 아들인 브루노가 유대인 쉬미엘 옆에 가서는 안 되는 수많은 이유를 찾고 있다. 감각이 사라지고 생각만 가득한 나는 곧 죽음을 맞이할 브루노와 쉬미엘의 꼭 잡은 손조차 견디지 못하고, 아들을 찾고 있는 아빠

에게 브루노가 빨리 발견되기를 기다린다. 지금 죽지 않아도 될 사람이 마치 브루노 한 명인 것처럼 초조하다. 브루노는 쉬미엘의 곁으로 갔지만 나는 아직도 철조망 밖에 남아 있다.

친구의 아픔을 함께 느끼고 그저 자신이 할 수 있는 일을 하기 위해 선을 넘었던 브루노를 보며 생각해 본다. 나는 이성의 어두운 시간에 들어와 버린 나머지 들리고 보이는 것으로 세상을 알아가고 내 이웃과 공감하는 방법을 잃어버린 것이 아닐까? 아이들에게는 아무 장벽도 되지 않을 철조망을 절대 무너지지 않을 견고한 것이라 여기며 그것을 넘어설 용기 한 번 내보지 못한 채 살고 있는 것은 아닐까?

브루노는 영화 속에서 가장 어린 존재이지만 가장 사람을 사람답게 대하는, 그래서 가장 사람다운 존재이다. 온 감각을 집중해 내 주변 사람들의 행복과 슬픔, 고통을 발견하고 공감할 수 있을 때 서로가 서로를 사람답게 대하는 세상, 사람이 사람을 위협하지 않는 세상이 될 수 있지 않을까? 소리, 냄새, 시각에 집중하는 것부터 시작해야 한다.

한 걸음 더 들어가기 ⊘

모든 사람은 단독으로 또는 다른 사람과 공동으로, 국내 또는 국제적 차원에서 인권 및 기본적 자유를 증진하고 이를 보호 및 실현하기 위하여 노력할 수 있는 권리를 가진다.

유엔 인권옹호자선언 제1조

1998년 유엔은 '인권옹호자 선언'을 채택한다. 이 선언은 인권단체의 활동가만을 위한 것이 아니라 모두가 인권옹호자가 될 권리가 있다는 선언이다. 모든 사람에게 사회의 제도와 기관이 인권을 침해하지 않도록 활동할 권리가 있다는 내용을 담고 있다. 영화 속 브루노는 존엄이 무너져버린 쉬미엘의 곁을 지키고 형제애를 보여준 유일한 사람이다. 브루노는 쉬미엘에 대한 의무를 행한 것이라기보다 그저 자신의 인간다움을 지킬 권리를 행사한 것이다. 각자 자신의 인간다움을 지키고, 서로를 인간답게 대하려 노력한다면 유엔이 권고하는 것처럼 우리는 누구나 인권옹호자가 될 권리를 누릴 수 있게 될 것이다. 내가 내 이웃의 옹호자가 되고 또는 내 이웃이 나의 옹호자인 세상, 서로의 고통에 공감하고 문제 해결을 위해 활동하는 옹호가들이 가득한 세상이라면 얼마나 든든하고 위로가 될까? 인권은 법과 제도, 인권기구나 유엔이 지켜주는 것이 아니라 결국 나와 내 이웃이 우리의 삶 속에서 함께 지켜가는 것이다.

생각을 더하기 위한 활동 🔎

◎ 유엔인권최고대표사무소(OHCHR) 홈페이지에서 '보편적으로 인정되는 인권 및 기본적 자유를 증진, 보호하기 위한 개인, 단체, 기관의 권리와 책임에 관한 선언'을 확인할 수 있다.

이선영

우리집 | 감독 윤가은, 2019

10. 우리집은 우리가 지킨다

아동은 그들의 정상적인 발달을 위해서 필요한
물질적, 도덕적, 그리고 정신적 조건을 공급받아야 한다.

에글렌타인 젭, '아동권리선언문'

우리 밥 먹자, 응?

여행에서 돌아오면 사람들이 습관처럼 하는 말이 있다. "뭐니 뭐니 해도 우리집이 최고야!" 7일간의 해외출장을 마치고 토요일 새벽 5시 30분에 인천 공항에 내렸다. 대중교통을 이용하여 빠르게 집에 도착한 나는 우리 집이 최고라며 짐도 풀지 않고 자리에 누웠다. 10시간 정도는 늘어지게 잘 것 같았다. 그런데 잠든 지 2시간 만에 눈이 떠졌다. 오전 11시다. 기내에서 밤을 새웠고, 시차가 큰 나라에 다녀온 것도 아닌데 눈이 말똥하다. 동생에게 전화를 걸었다. 여행 떠나기 전부터 찜해 두었던 영화 〈우리집〉을 함께 보러 갔다.

영화를 통해 만난 12살 하나는 속이 깊고 상대를 배려할 줄 아는 차분한 여자아이로, 전문직 여성을 엄마로 둔 맞벌이 가정의 자녀다. 위로 오빠를 둔 막내임에도 늘 바쁘게 움직이는 엄마를 도우려 애쓴다. 그것이 '우리집'을 지키는 한 방법이라 믿는 거 같다. 하나에게 '우리집'은 너무나 소중하다. 가족은 밥을 같이 먹어야 한다며 가족과 함께하는 식탁을 중요하게 생각하는 하나는 집안 분위기가 저기압으로 흐르면 "우리 밥 먹자, 응?" 하면서 가족 한 사람 한 사람의 기분을 살핀다. 필요할 때 언제든 가족들에게 식사를 제공할 수 있도록 자신만의 레시피도 가지고 있다. 하나는 자주 다투는 부모가 걱정된다. 속 깊은 하나는 부모님이 왜 그렇게 다투는지 이유를 알게 된다. 하나는 마음이 아프고 몹시 불안하다. '엄마 아빠가 헤어지면 난 어떻게 살지?' 하나의 마음은 심란하고 슬프다.

어느 날 하나는 이웃에 사는 어린 자매를 만나게 된다. 하나보다 어리지만 더 용감하고 담대한 자매, 유미와 유진이다. 유미는 초등학생, 유진이는 유치원생이다. 이 자매 역시 '우리집'을 지키려고 나름 애쓰고 있다. 유진이네는 엄마 아빠가 없다. 먼 곳으로 돈 벌러 가서 아이들에게 '우리집'을 맡긴 상태다. 더구나 유미와 유진이가 살고 있는 '우리집'은 세 들어 사는 남의 집이다. 집세를 올리길 원하는 집주인이 집을 내놓아서 사람들이 집을 보러 오는 상황이다. 용감한 자매는 이사를 가지 않기 위해 지혜와 용기를 모아 집 보러 온 사람들을 방해하지만 역부족이다. 설상가상으로 필요할 때면 언제든 연락이 되던 엄마와도 연락이 끊긴다. 유진이와 유미는 불안하고 두렵다. '우리집' 때문에 심란한 하나는 유미와 유진이 집에서 함께 시간을 보내며 큰 언니처럼 동생들의 마음을 품는다. 그리고 단호하게 말한다. "나는 우리집을 지킬 거야, 너희 집도!"

　불안하고 두려운 '우리집'에 돌아가고 싶지 않은 하나는 집주인의 성화로 극도로 불안해진 두 자매와 함께 연락이 두절된 유미 부모님의 일터를 찾아 무작정 떠난다. 정확한 주소도 모른 채 엄마 아빠를 찾아 떠난 세 아이는 시외버스를 탔지만 내려야 할 정거장을 놓치고 길을 잃고 헤맨다. 우여곡절 끝에 해 질 무렵 이름 모를 바닷가 해변에 도달한 세 아이는 모래사장에 철퍼덕 주저앉아 망망한 바다를 하염없이 바라본다. 누가 먼저랄 것 없이 세 아이는 울기 시작한다. 오래오래 참고 잘 견뎌 온 마음이 무너지면서 셋 다 엉엉 소리 내어 한참을 울어버린다. 날이 어두워지면서 셋은 해변에서 캠핑하던 어떤 가족이 남기고 간 음식으로 요기를 하고 천막에 누워 함께 하룻밤을 지낸다. 어린 유진이는 "여기가 '우리집'이면 좋겠다. 우리 셋이 이렇게 같이 살면 좋겠다"고 말한다. 아침이 밝고 새 날이 왔다. 세 아이는 다시 돌아온다. 유진이는 엄마와 다시 연락이 되고, 하나는 유진이 자매와 헤어져 '우리집'으로 발길을 돌린다. 그때 어린 자매가 던진 물음에 하나는 멈추어 선다. "하나 언니, 언니는 계속 우리 언니 해 줄 거지? 우리가 이사 가도 언니는 계속 우리 언니 해 줄 거지?" 하나는 "당연하지!" 하고 답한다.

　엄마 아빠 그리고 오빠가 가출한 하나를 찾아 헤매다 지쳐서 들어온다. 마치 아무 일도 없었던 듯 하나는 준비한 저녁상을 그런 식구들 앞에 차려놓으며 말한다. "우리 밥 먹자, 응?"

하나의 이 간절함은 무엇인가? 아동에게 '부모'는 어떤 존재인가? 하나는 무얼 두려워하는 걸까? 하나가 목숨 다해 지키고 싶은 '우리집'이 하나의 부모에겐 어떤 의미일까? "우리 밥 먹자, 응?"이라는 하나의 마지막 말은 영화를 본 이후로 지금까지 내내 생각나는 말이다. 지금도 여전히 그 말이 나의 마음을 두드린다. "우리 밥 먹자, 응?"

한 걸음 더 들어가기 ⊙

가끔이라도 가족들이 둘러앉아 엄마가 준비한 따뜻한 밥상을 경험한 아이들은 소통이 되고 관계 맺기도 좋아 돌봄과 지원이 조금 수월합니다.

어느 아동복지 시설 종사자의 말, '아동인권친화 환경 조성을 위한 시설 컨설팅 인터뷰'

아동인권은 배우기 어렵고 실현하기는 더 어렵다고 사람들은 말한다. 아동인권을 쉽게 터득하여 일상생활에 적용하도록 훈련의 장을 마련하는 이유가 여기에 있다. 보통 훈련이 시작되면 활동이 제시된다. 활동을 통해서 스스로 터득해가는 방법(Learning By Doing)을 소개하면 다음과 같다.

아동이 생활하는데 필요한 것과 원하는 것 24가지가 그려진 카드는 현재 아동이 누리는 것들을 가리킨다. 예기치 않은 재난이 생겨

제공할 수 없는 것들을 8개 빼고, 또 천재지변으로 인해 제한된 카드를 또 8개 뺀다. 그러면 어떤 상황에서도 아동에게 제공되어야 하는 항목이 그려진 8개의 카드가 남는다. 그 카드의 그림은 다음과 같다: 1) 집과 가족 2) 영양가 있는 음식 3) 적절한 의료혜택 4) 깨끗한 물 5) 깨끗한 공기 6) 교육 7) 생각을 말하고 들어줄 기회 8) 차별, 학대, 방임으로부터 보호

　아동인권은 아동이 처한 환경과 상황, 조건에 상관없이 반드시 제공되어야 하는 것으로 아동의 생존권과 보호권, 발달권, 참여권이 보호되고 존중되고 충족되는 것으로 설명할 수 있다. 이 모든 것의 기본이 되는 것이 '집과 가족'이다. 영화 〈우리집〉에서 말하는 집은 '집과 가족을 포함하는 개념'이다. 아동에게 제공되어야 하는 가장 안전한 안식처, 그것이 가족이 함께 사는 '우리집'이다. 그 집이 주택이든 혹은 고급 아파트, 임대 아파트, 전세, 월세든 그런 것은 문제가 되지 않는다. 아무리 허술한 거처라 할지라도 그 집이 아동에게 안정감을 주고 안식처가 된다면 그곳이 '우리집'이다. 거기엔 반드시 가족이 둘러앉는 밥상이 있다. 하나가 자신의 '우리집'을 그렇게 지키려 하고, 또 유미 자매가 '우리집'을 지키는 것을 왜 가장 중요하게 생각하는지, 가족이 함께 밥 먹는 순간을 왜 그토록 소중히 여기는지에 대한 답을 여기서 찾아볼 수 있다.

Ⓠ 생각을 나누기 위한 질문

◎ 아동인권을 배울 때 제기되는 문제 중 하나가 집과 가정이 없는 아동, 부모가 있
어도 부모의 역할이 불가능한 가정의 아동 등 특별한 보호가 필요한 아동에 관
련된 것이다. 그런 상황에 있는 아동의 기본권을 보장하는 방법에는 무엇이 있
을까?

생각을 더하기 위한 활동 🏃

◎ 앞서 소개한 활동은 'Wants & Need' 카드 활동이다. 이 활동을 통해 협약에서
명시하고 있는 아동의 생존·보호·발달·참여의 실현을 위해 반드시 보장받아야
하는 것들과 아동권리가 무엇인지를 이해할 수 있다. 국제아동인권센터 블로그
(https://blog.naver.com/childrights/220706812782)를 통해 활용 방법과 구매
에 관한 정보를 얻을 수 있다.

김인숙

우리집은 누구의 집인가?

"우리집은 진짜 왜 이러지?"

엄마, 아빠가 이혼할까봐 가슴 졸이는 하나, 지금 살고 있는 집에서 이사를 가야 할까봐 겁나는 유미가 똑같이 하는 말이다. 하나의 엄마 아빠는 아이들 앞에서 날마다 싸우고 이혼을 결정하면서도 아이들에게는 아무런 이야기도 해 주지 않는다. 유미의 아빠 엄마는 일 때문에 집에 아이들만 남겨 둔 채 다른 곳에서 생활하고 있는데 정작 그 집에 살고 있는 아이들과 한마디 상의도 없이 갑자기 이사를 간다고 한다.

하나와 유미, 유진은 집에서 일어나는 일들이 이해가 안 된다. 집이 사라질 위기에 처할 때까지 아무것도 몰랐던 상황이 그저 당황스럽다. 소중한 '우리집'을 지키기 위해서 뭐라도 해보려고 애를 쓴다. 그런데 아이들이 '우리집'이라고 믿고 있는 그 집, 그토록 지키고 싶은 그 집은 정말 그들의 집이 맞는 걸까?

'우리'의 사전적 의미는 '말하는 이가 자기와 듣는 이, 또는 자기와 듣는 이를 포함한 여러 사람을 가리키는 일인칭 대명사'이다. 공간에 대해 '우리'를 붙인다는 것은 나에게 그 공간이 필요하고 중요할 뿐 아니라 내가 그 공간에 반드시 포함되는 존재일 때나 가능할 것이다. 아무리 자주 가는 가게라고 해도 '우리 가게'라고 부르지 않고, 여행지에서 머무는 호텔을 '우리 호텔'이라고 부르지 않는 것처럼 말

이다. 그러면 하나의 '우리집', 유미와 유진의 '우리집'에서 아이들은
'우리'에 속하는 존재일까?

　야근을 하거나 술에 취해 늦게 들어오는 하나의 엄마 아빠는 늘
바쁘다. 하나는 가족을 위해 밥상을 정성껏 준비하지만 그 식탁에
함께 앉는 가족은 한 명도 없다. 유미와 유진은 낯선 동네로 여덟
번째 이사를 가야 하는 현실이 너무 싫지만 전화 연결도 제대로 되
지 않는 아빠 엄마에게 그 불안한 마음을 털어놓을 기회조차 없다.
하지만 하나와 유미, 유진 셋이 함께 하는 동안에는 모든 것이 가능
하다. 함께 둘러앉아 밥을 먹고 서로의 표정을 살피며 무슨 일이 생
긴 건 아닌지 안부를 챙긴다. 각자의 집을 지키기 위해 함께 작전
도 짜고, 때로는 싸우기도 하고 해가 질 때까지 같이 놀며 울고 웃
는다. '우리집'에서 '우리'가 되지 못한 하나와 유미, 유진은 셋 만의
공간에서는 '우리'가 된다. 이 아이들에게 진짜 '우리집'은 누구이고,

어디일까?

한 공간에서 산다고 해서, 또는 가족이라는 이유만으로 저절로 '우리집'이 되는 것이 아니다. 한 공간에 살지만 서로 소통하지 않고 존중하지 않는다면 각자의 세계에 따로 살고 있는 것과 다르지 않다. 하나와 유미, 유진은 서로를 '우리'로 대하고 서로에게 '우리'가 되기 위해 열심히 노력했기 때문에 서로에게 '우리집'이 될 수 있었다. 유미가 하나에게 "계속 우리 언니 해줄 거지?"라고 물었을 때 하나는 당연하다는 듯 대답한다. "언니는 계속 너희 언니 할거야."

집으로 돌아와 가족을 위한 밥상을 다시 한번 차리는 하나는 엄마와 아빠, 오빠에게 든든하게 먹고 진짜 여행을 준비하자고 이야기한다. 같이 살지 않아도 서로에게 '우리집'이 될 수 있었던 세 아이처럼 하나의 가족도 서로에게 진짜 '우리', '우리집'이 될 수 있을까?

한 걸음 더 들어가기 ↻

위원회는 전 세계 대부분의 사회에서 오랜 관행과 태도, 정치적·경제적 장벽으로 인하여 아동이 자신에게 영향을 미치는 광범위한 문제에 대해 의견을 개진하고 그 의견에 정당한 비중을 부여 받을 권리를 실현하는 것이 지연된다는 점에 주목한다.

유엔아동권리위원회 일반논평 12호, '아동의 의견이 청취되어야 할 권리'

하나의 부모님이 이혼을 결정하고, 유미와 유진의 부모님이 이사를 결정한 것은 세 아이의 삶에 엄청난 영향을 미칠 수 있는 일들이다. 하지만 하나의 부모님은 아이들에게 이혼 사실을 알리지 않고, 유미와 유진 부모님은 아이들에게 이사를 왜 가야 하는지, 이후에는 어떤 일들이 일어나는지 이야기해 주지 않는다. 이혼과 이사는 상황에 따라 일어날 수 있는 일이지만 중요한 것은 아동이 이 문제의 당사자로서 전혀 고려되지 않고 있다는 사실이다. 유엔아동권리협약 제12조는 모든 아동이 자신에게 영향을 미치는 모든 문제에 의견을 표현할 권리가 있다는 것을 규정하고 있다. 특히 이혼, 별거의 과정에서 반드시 아동의 의견이 청취되어야 한다고 강조한다.

영화 속에서 하나와 유미, 유진이 들어야 했던 "너는 몰라도 돼, 어른들 일이야, 니가 뭘 알겠냐…" 같은 말들은 아이들의 목소리를 지워 버린다. 아이들은 어른의 결정을 수동적으로 받아들이기만 하는 존재가 아니라 가족 안에서 일어나는 모든 문제의 영향을 받는 당사자다. 부모 또는 보호자는 아동에게 충분한 정보를 제공해야 하고 아이들의 목소리에 관심을 기울여야 한다. 아동의 이야기를 진지하게 듣고 동등한 지위에서 대화해야 한다. 어려운 일처럼 들릴지 모르겠지만 하나가 유미와 유진에게, 그리고 유미와 유진이 하나에게 했던 태도와 다르지 않다.

Q 생각을 나누기 위한 질문

◎ 영화 속 아이들이 "우리집은 진짜 왜 이러지?"라고 말할 수밖에 없는 이유는 가족 내에서 중요한 결정을 할 때 참여하지 못하고 있기 때문이다. 유엔아동권리위원회는 아동의 참여를 통해 아동의 삶에 관계된 모든 상황에 있어서 아동과 성인 간의 열띤 의견교환이 시작되어야 한다고 강조하고 있다. 아동이 가장 많은 시간을 보내는 가정과 학교에서 아동의 참여권은 존중받고 있을까? 아동의 참여권 존중을 위해 무엇을 할 수 있을까?

생각을 더하기 위한 활동 🔎

◎ 〈우리집〉의 윤가은 감독은 영화 제작의 전 과정에서 아동의 의견을 존중하고 보호하기 위해 촬영수칙을 만들었다. 아동의 의견을 존중하고 아동의 참여를 증진하기 위해서는 이런 구체적인 실천이 중요하다. 이와 관련된 인터뷰를 함께 읽어보자.

관련기사: '아역배우 촬영수칙 만든 윤가은 감독, 모두 교훈 삼길', 인터뷰 국제아동인권센터 김인숙 이사·정병수 사무국장 (베이비뉴스, 2019.10.30)

이 선 영

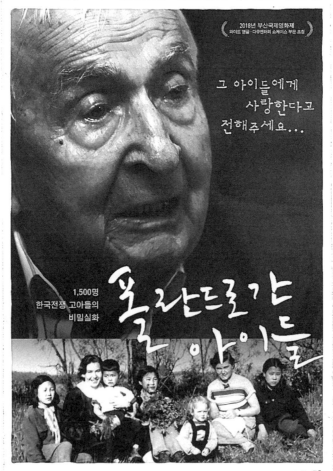

11. 헤어진 가족은 다시 만나야 한다

우리 서로 헤어져도 울지를 말자.

가시길을 걸어가도 슬퍼를 말자.

기다려라 기다려 기다려다오.

이송, '다시 만나리'(폴란드로 간 아이들 OST)

사랑한다고 전해주세요!

인간 사회에 전쟁이 터지면, 삶은 송두리째 무너지고, 인간의 존엄성은 무참히 짓밟힌다. 무엇보다도 일상의 비참함이 아이들 몫이 된다. 아이들은 기다리지 않는 존재다. 배고픔, 헐벗음, 두려움, 불안이 그대로 아동의 삶에 영향을 준다,

1차 세계대전을 겪으면서 만난 아이들의 참상을 목격한 영국 여성 에글렌타인 젭은 1923년 세계 최초로 5개 조항으로 된 아동인권 선언문을 발표한다. 그리고 같은 시대에 폴란드의 소아과 의사이며 교육자인 야누시 코르차크는 유대인 고아들을 살리기 위해 고아원을 설립하여 아이들에게 몸소 사랑과 존중을 실천하면서 아이들과

함께 살다가 아이들과 함께 가스실에서 죽음을 맞는다. 야누시 코르
차크와 에글렌타인 젭은 가장 아름다운 '아동인권 옹호가'로 우리 마
음에 기억되고 있다.

〈폴란드로 간 아이들〉이라는 영화 제목을 보면 자연스럽게 아동인
권과 관련된 내용을 상상하게 된다. 이상한 것은 폴란드는 유럽 국가
인데 아이들의 모습은 내 자신, 우리 아이들의 모습이다. 너무나 궁금
했다. 폴란드와 한국 아이들 사이에 무슨 관계가 있는 것일까?

이 영화는 그 어디에도 기록으로 남아 있지 않아서 영원히 묻혀
버릴 이야기를 담아냈다. 추상미 감독은 인간에 대한 사랑과 특유의
예민한 감성을 총동원해 하나의 다큐멘터리 영화로 만들어냈다. 영
화는 전쟁 후 오래 감추어졌던 비밀을 세상에 드러낸다.

1951년 6・25 전쟁이 남긴 수많은 고아들은 북한 지도자에 의해
폴란드를 비롯한 동유럽의 사회주의 공산국가에 위탁 양육된다. 그

중 1500명의 전쟁고아들이 기차에 실려 폴란드로 보내져 은밀한 곳에서 양육된다. 한국 고아들이 만난 폴란드 선생님과 보모들은 한국에서 온 전쟁고아들을 편견도 차별도 없이 품어준다. 아이들을 존엄성을 지닌 인간이자 소중한 인격체로 대하며 함께 살아간다. 이보다 더 놀라운 가르침은 없다. 야누시 코르차크는 "사랑받아본 아이가 사랑할 줄 알고, 존중받은 아이가 남을 존중하는 인격체로 성장한다"고 말한다.

참혹한 전쟁을 온몸으로 겪고, 부모를 잃고 어디로 가는지도 모른 채 기차를 타고 와서 내린 곳에서 한 번도 본 적이 없고 자기들과 다르게 생긴, 알아듣지 못할 언어를 사용하는 사람들을 처음 만났을 때 아이들은 얼마나 놀랐을까? 일행 중에는 폭탄이 눈앞에서 터진 트라우마 때문에 침대 밑으로 들어가 나오지 못하는 아이도 있다. 이미 2차 세계대전을 겪고 많은 전쟁의 참상을 경험한 폴란드 선생님들은 이 아이들을 충분히 이해하고 공감하면서 보듬었다. 폴란드에서 아이들은 행복해 보였다. 한 국가가 전쟁을 치른 후 자국의 아이들을 양육하기 어려워 먼 나라에 아이들의 양육을 의탁한 일은 쉽지 않은 결정이지만, 그 아이들의 편에서 보면 최상의 선택이었다는 생각이 든다.

그러나 영화는 그러한 긍정적인 생각을 또 다른 절망으로 바꾸어버린다. 아이들이 폴란드에 도착한 지 8년이 지난 1959년 7월 30일, 북한 지도자는 천리마 운동을 이유로 아이들에게 송환 명령을 내린다. 마음의 준비도 못한 아이들은 "파파, 마마"라 부르던 선생님들과

생이별을 한 채 북한의 노동 현장으로 떠나가야 했다. 1500명 중 단한 명, 질병으로 사망한 김귀덕이란 아이를 제외한 전원이 북한으로 송환되었다. 북한으로 돌아간 후 아이들은 그들이 배운 폴란드어로 쓴 손 편지를 선생님들에게 보내며 그들의 사랑과 그리움을 전한다. 다시 폴란드로 오게 해 달라는 간절한 마음도 전한다. 이러한 아이들의 호소에 속수무책인 선생님들의 마음은 얼마나 아프고 힘들었을까.

그때로부터 60여 년이 지나 추상미 감독을 만나 당시의 일을 회상하며 눈물을 흘리는 폴란드 선생님들의 모습은 보는 이들의 마음을 먹먹하게 한다. 아무것도 모른 채 기차에 실려 폴란드로 갔다가 8년 후 다시 북한 땅으로 불려온 아이들, 이 아이들에게 국가는 어떤 존재인가? 국가는 아이들에게 어떻게 했는가? 아이들은 국가에 무엇을 요구할 수 있는가? 인간의 존엄성을 지니고 이 땅에 태어난 아이들, 이들의 권리를 존중, 보호, 실현하기 위해 국가는 어떤 의무와 책무성을 가졌는지 돌아볼 필요가 있다.

한 걸음 더 들어가기 ↻

존중받고, 보호받으며 자란 아동들은 다른 사람을 존중하고 아끼는 방법을 배우며, 사회에 이바지하는 사람으로 자라는 것이다.

야누시 코르차크, "야누시 코르차크의 아이들"

오래전 일이다. 아동인권 옹호단체가 한 정치가에게 아동권리를 보장하기 위한 일차적인 책임이 국가에게 있다는 말을 했을 때였다. 그는 "아이 권리 지키는 게 아이를 낳은 부모 책임이지 어떻게 정부의 책임인가?" 하고 되물었다. 아이를 낳은 부모가 아이를 먹이고 입히고 잘 자라도록 책임져야 하는 건 맞다. 그러나 인권이 존중, 보호, 실현되도록 하는 일은 그리 단순하지 않다.

아동인권의 준거가 되는 유엔아동권리협약의 조항을 살펴보면 거의 모든 조항에 '당사국이 해야 할 책무'가 명시되어 있다. 여기서 '당사국'은 유엔아동권리협약을 준수하므로 아동인권을 보장할 것을 약속한 협약 비준국을 말한다. 이 밖에도 협약 제3조는 "당사국은 아동 최상의 이익을 최우선적으로 고려해야 한다"고 명시한다. 또 "당사국은 모든 생명에 대한 고유의 권리가 있음을 인정해야한다(제6조), 당사국은 아동이 자신에게 영향을 미치는 모든 문제에 자신의 의견을 표현할 권리를 보장한다(제12조)" 등 협약의 모든 조항이 국가가 아동인권을 지켜주는 일차적 책임이 있는 의무이행자임을 천명한다.

아동의 권리를 지켜주기 위한 의무를 지닌 사람들은 우리 모두다. 국가공무원, 부모, 교사, 법률가, 언론인, 일가친척, 친구, 이웃 등 나를 포함한 우리 모두가 의무이행자이다. 그러나 그 역할은 조금씩 다를 수 있다. 특히 국가가 제1차 의무이행자로 지명되는 것은 아동인권이 보장될 수 있는 큰 틀을 만드는 역할이 필요하기 때문이다. 아동이 안전하게 태어나서 건강하게 자라며 성장하고 발달하여 건전한 시민으로의 역할을 하기 위해서는 기본이 되는 법과 정책, 그리고 시스템과 프로그램들이 먼저 조성되어야 한다. 협약 제4조가 "당사국은 아동권리이행을 위해 모든 적절한 입법적, 행정적, 기타 조치를 취해야한다"고 천명하고 있는 이유가 여기에 있다.

ℚ 생각을 나누기 위한 질문

◉ 협약을 준거로 살펴보았을 때 폴란드로 간 아이들에게 필요한 국가의 의무는 무엇이었을까?

◉ 폴란드로 간 아이들에게 국가가 고려해야 했던 '아동 최상의 이익'은 어떤 것이었을까?

김 인 숙

또 다른 이산가족

프와코비체 양육원 원장과 선생님들은 60여 년 전 헤어진 아이들의 이름을 지금도 기억한다. 나비처럼 예쁘고 섬세하던 아이들, 강인하고 똑똑했던 아이들의 모습을 아직도 생생하게 떠올린다. 이 선생님들에게 아이들과의 시간은 한때 행복했던 추억이나 아픈 기억이 아니다. 아이들을 떠올리면 지금도 가슴이 찢어질 듯 고통스러워 눈물을 흘린다.

선생님들은 머리에 이가 가득하고 뱃속에는 기생충이 있던 아이들, 몸도 마음도 지쳐있던 전쟁고아들을 내 자식으로 품었다. 단 한 명의 아이도 놓치지 않으려고 할 수 있는 모든 것을 다했다. 난치병이 걸린 아이를 살리기 위해 병원을 찾아다니고 폭탄이 무서워 침대 밑으로 숨어드는 아이를 안심시키기 위해 밤새 아이 곁을 지켰다. 그렇게 몇 년을 함께 보냈지만 어느 날 갑자기 북송 명령을 받고 아이들은 모두 북한으로 떠난다. 선생님들은 아이들과 헤어지던 그 날을 사는 동안 가장 마음이 아팠던 날, 마치 물 속에 잠겨 걸어가는 것 같았던 날로 기억하고 있다.

폴란드로 보내졌다가 북한으로 다시 돌아가야 했던 아이들과 선생님들의 이야기를 영화로 만들기 위해 찾아온 추상미 감독과 탈북 배우 이송에게 프와코비체 양육원 원장은 눈물을 흘리며 부탁한다. "아이들에게 우리가 사랑한다고 꼭 전해주세요." 많은 아이를 돌보고 숱하게 떠나보냈을 보육원 원장인 그가 왜 수십 년이 지나도록 북한으로 돌아간 아이들을 잊지 못하고 있는 것일까? 왜 아직도 그의 눈에서 눈물이 멈추지 않는 것일까?

그는 몇 년간 아이들을 위탁해 돌본 시설 원장이 아니다. 아이들의 아빠다. 60년이 넘도록 자기 자식들을 다시 만나지 못하고 있는 이산가족이다. '사랑하는 아빠에게'로 시작하는 아들의 편지를 받고도 마음 편히 답장을 쓰지 못했던 지난날이 서러운 아빠이다.

탈북 배우 이송도 북한에 있는 동생을 생각할 때마다 눈물을 멈추지 못한다. 망망대해를 바라보며 동생을 부르며 눈물로 안부를 전한다. 누구라도 붙잡고 가족의 안부를 묻고 싶은 절절한 모습이 폴란드 선생님들과 다르지 않다.

가족과 헤어지는 것을 스스로 선택한 이산가족은 없을 것이다. 전쟁 때문에, 나라의 정치적 결정 때문에, 살아남아야 했기 때문에 어쩔 수 없이 헤어졌을 뿐이다. 그들이 헤어지기를 원하지 않았던 것처럼 다시 만나지 못하는 이유도 자신들이 원해서가 아니다. 이 가족들에게 '아직도'라는 말은 존재하지 않는다. 지금도 기다리냐는 말, 아직도 사랑하냐는 말은 가족이 아닌 사람들이나 떠올릴 수 있는 질문이다. 가족이 가족을 만나는 것은 너무도 당연한 일이기 때문이다. 헤어진 가족은 반드시 다시 만나야 한다.

한 걸음 더 들어가기 ↻

부모가 다른 나라에 거주하는 아동은 예외적인 상황 외에는 정기적으로 부모와 개인적 관계를 갖고 만남을 가질 권리를 가진다.

유엔아동권리협약 제10조 2항

유엔아동권리협약 제10조는 헤어진 아동과 부모가 다시 만날 수 있도록 긍정적이며 인도적인 방법으로 노력해야 한다는 국가의 의무를 규정하고 있다. 또한 아동과 부모는 만남을 유지할 권리가 있다고 명시하고 있다. 가족과 다시 만날 수 있는 것은 아동의 권리이다. 이산가족이라는 단어를 들으면 전쟁 당시 헤어진 사람들을 먼저 떠올리기 쉽지만 이산가족은 지나간 역사에 의해 만들어졌을 뿐 아니라 지금도 여전히 진행 중인 현실이다. 가족을 북한에 두고 한국에서 생활하고 있는 탈북민이 3만 5천 명이 넘는다. 우리와 같은 하늘 아래 수만, 수십만 명의 가족들이 서로를 그리워하며 눈물 흘리고 있을지 모른다. 자식과 갑자기 헤어진 폴란드 부모들의 눈물은 60년이 지나도 마르지 않고 있다. 가족과 다시 만날 수 있는 권리를 지키기 위한 노력을 미뤄서는 안 된다.

이 선 영

메이지가 알고 있었던 일 | 감독 스콧 맥게히, 데이빗 시겔, 2012

12. 가족의 탄생

우리 선택받은 건가? 가족도 자기가 고르는 편이 강력하겠지?

정 같은 거 말이야.

고레에다 히로카즈, '좀도둑 가족'

네가 그려봐! 네 그림이잖아!

이 세상에 태어난 사람은 누구나 아동기를 거쳐 어른이 된다. 신기한 것은 어른이 되면 아동기의 기억을 망각한 듯 행동한다는 점이다. 아동이 누구인지, 얼마나 존엄한 존재인지를 전혀 알지 못하는 것처럼 말이다.

〈메이지가 알고 있었던 일〉(What Maisie Knew)이란 영화를 보았다. 주인공인 여섯 살 여자아이 메이지를 중심으로 네 명의 어른들이 나온다. 한 아이와 네 명의 성인에 관한 이야기라 할 때, 사람들은 메이지와 그들의 부모, 그리고 조부모의 모습을 상상하는 것이 자연스럽다. 그러나 이들은 그런 가족 구조가 전혀 아니다.

어느 날 유치원에서 선생님이 "오늘은 메이지가 새로운 분을 여러분에게 소개하고 싶다고 해요"라며 메이지에게 순서를 넘긴다. 메이지는 청바지에 허름한 티셔츠를 입고 서 있는 키가 상당히 큰 청년을 유치원 친구들에게 소개한다. "새아빠야. 우리 아빠가 새엄마랑 결혼해서 엄마도 덩달아 새아빠랑 결혼했어." 새아빠 링컨은 수줍은 표정으로 아이들에게 인사한다. 여섯 살 여자아이 메이지와 주변을 맴도는 네 명의 어른들인 메이지의 아빠 빌, 엄마 수잔, 새엄마 마고, 새아빠 링컨이 사는 모습을 영화는 그리고 있다.

영화 〈메이지가 알고 있었던 일〉 속 메이지는 무엇을 알고 있었던 걸까? 메이지가 사는 환경은 부족함이 없어 보인다. 큰 집에는 장난감으로 가득하고 엄마와 아빠는 메이지에게 입버릇처럼 "사랑한다"고 말하며 쓰다듬고 입 맞추는 등 사랑을 표현한다. 하지만 메이지의 부모 수잔과 빌은 서로를 존중하지 않는다. 메이지의 존재는 잊은 듯 메이지 앞에서 서로 상처를 주는 말과 험한 욕설을 하며 끊임없이 부부 싸움을 반복한다. 결국 이혼을 위해 법원을 드나들게 된다. 부부의 양육권 다툼으로 이혼 문제가 장기화 되면서, 메이지는 오늘은 엄마, 내일은 아빠, 다음날은 새 엄마, 그다음 날은 새아빠의 손에 이끌려 이 집 저 집으로 끌려 다닌다.

어느날 한밤중에 엄마가 잠든 메이지를 흔들어 깨운다. 수잔은 일 때문에 어쩔 수 없다며 아이를 택시에 태워 새아빠가 일하는 술집 앞에 내려놓고 가버린다. 여섯 살 메이지가 혼자 술집 문을 열고

들어가지만, 공교롭게도 그날 새아빠 링컨은 일하러 나오지 않는다. 인정 많은 여직원이 술집 로비 벤치에 누워 잠든 메이지를 안아 방으로 데려다 재운다. 도중에 잠이 깬 메이지는 집에 데려다 달라고 해보지만, 갈 수 없는 상황임을 알아채고 다시 자리에 눕는다. 늘 말이 없고 순종적인 착한 아이로 보였던 메이지의 감은 눈 사이로 눈물이 흐른다.

보모로 일하다 새엄마가 된 마고는 진심으로 메이지를 아끼고 존중한다. 유치원에 갈 때도 입고 싶은 옷을 메이지가 고르도록 하고 메이지의 눈높이에 맞추어 도와준다. 메이지의 아빠 빌과 결혼한 마고는 허황되고 불성실한 빌의 태도에서 자신이 아내로서 존중받기는커녕 이용당했음을 느낀다. 마고는 메이지를 남겨둔 채 집을 떠났다가 다시 돌아와 아이를 데리고 지인에게 빌린 해변가 별장으로 간다. 링컨 역시 메이지의 엄마 수잔과 결혼을 했으나, 그녀에게 이용당했음을 알게 된다. 링컨은 이기적이고 무례하며, 험한 말과 욕설을 입에 담고 사는 수잔을 조용히 떠난다. 늘 메이지의 마음을 읽어주고 지금 아이에게 필요한 것이 무언지 알고 도와줄 줄 아는 링컨 역시 메이지를 향한 따뜻한 마음을 지니고 있는 사람이다.

　세상에서 버려진 것 같은 가장 작은 자들 세 사람이 바닷가 별장에 함께 있다. 메이지는 어느 때보다 안정되고 행복한 모습이다. 다음 날 셋이 함께 배를 타고 놀러가기로 한 약속으로 한껏 기대에 부풀어 잠을 자던 메이지는 예사롭지 않은 소리에 깨어난다. 대형버스한 대가 별장 앞에 멈추고 엄마 수잔이 내린다. 수잔은 선물을 많이 가져왔다며 함께 집으로 가자고 하지만, 모든 걸 알고 있는 메이지는 더 이상 선뜻 엄마의 손을 잡지 않는다. 수잔은 여섯 살 딸의 예상치 못한 반응에 놀란다. "엄마와 함께 가고 싶지 않은 거니?"라고 묻는 수잔에게 메이지는 "내일 배 타러 가기로 약속해서 갈 수 없다"고 말한다. 수잔은 배는 언제든 탈 수 있다며, 배 타는 건 별거 아니라고 말한다. 그러나 메이지에게는 배 타러 가는 약속이 결코 별거 아닐 수가 없다. 메이지의 심상치 않은 눈빛을 본 엄마 수잔은 뒤에 멀찍이 서 있는 마고와 링컨을 가리키며, 저 사람들과 함께 있을 거냐고 묻는다. 메이지는 그렇다고 끄덕인다. 너를 낳은 엄마는 나라고 다짐한 후 수잔은 가져온 선물을 전해주고 떠난다.

　화창한 다음 날 아침 소외되고 어디에도 포함되지 못한 듯 보이는 세 사람으로 이루어진 한 가족이 배 타러 가는 즐거운 장면으로 영화가 마무리된다. 메이지는 이젠 그 누구의 손도 잡지 않는다. 언젠가 그림을 그리던 메이지가 링컨에게 도와달라고 하자 링컨이 "네가 그려봐. 네 그림이잖아!"라고 했던 말을 기억한 것일까. 이제 메이지에게 스스로 자기 그림을 그릴 수 있는 힘이 생긴 것으로 보인다. 앞장서서 뛰어가던 메이자가 뒤에 따라오는 남녀를 향해 "빨리 오라"고 소리친다. 스스로 선택한 삶을 향해 힘차게 뛰는 메이지 앞에 시원한 바다가 펼쳐져 있다.

한 걸음 더 들어가기 ⟳

> 모든 인간은 자신보다 약한 구성원을 보호할 의무가 있다. 인류는 자신들이 줄 수 있는 최상의 것을 아동에게 주어야 한다.
>
> **에글렌타인 젭**

영국의 작가 이언 매큐언은 '넛셸(Nutshell)'이란 작품에서 엄마의 자궁 속에 있는 태아를 통해 이야기를 만들어간다. 아직 세상에 태어나지 않았지만, 자궁 속에 잉태된 태아 역시 생명체다. 날이 갈수록 태아의 생각은 발전하고 세상에 대한 이해도는 높아간다. 아직 태어나지도 않은 상태에서 태아는 무서운 범죄를 모의하고 저지르는 엄마와 삼촌의 부정과 사악함에 분노한다. 한국은 예로부터 태교를 중시하고 자궁 안의 존재를 귀히 여기는 나라다. 영화에서 6살 메이지 역시 많은 것을 보고 느끼고 행동한다. 어른들이 무디고 어리석어 메이지가 안다는 것을 모를 뿐이다. 아동의 진화능력 (Evolving Capacity)은 때로 부모나 성인의 인식보다 앞서간다. ' "너를 낳은 엄마는 나"라고 주장하고 위협하는 말에 무조건 순종하고 따르기엔 메이지가 너무 많은 것을 보았고, 들었고, 알았다. 아무리 열악한 환경에 놓인다 해도 누구의 손도 잡지 않고 뛰어갈 용기가 생겼다. 태아로부터 시작하여 모든 연령대의 아동 앞에 순화된 언어를 사용하고 부부 싸움을 삼가야 하는 이유다.

Q 생각을 나누기 위한 질문

◎ 말이 없고 순종적이었던 메이지가 자기의 의견을 표현하고 자기의 길을 선택하는 결정권을 행사하는 모습에 엄마인 수잔은 당황한다. 우리의 자녀도 메이지처럼 어느 날 자기의 의사를 명확히 하며 홀로 서려는 모습을 보일 때가 올 것이다. 메이지가 당신의 자녀라면 어떻게 대응할지 생각해보자.

김인숙

아동과 함께 할 자격

메이지는 엄마와 아빠가 큰 소리를 내며 싸우고 자신의 양육권을 두고 법정에서 다퉈도 그저 조용하다. 엄마가 문도 열지 않은 유치원에 자신을 데려다 놓을 때도, 낯선 집에서 엄마와 떨어져 아빠와 살아야 한다고 결정이 났을 때도 그저 맑은 눈만 깜빡일 뿐 묵묵히 있다. 이 손 저 손에 끌려다니고 이 집 저 집을 전전하면서도 늘 차분하다. 화를 낸 적도 짜증을 낸 적도 없다. 그런데 이날 만큼은 메이지가 눈물을 흘린다. 영국이 너무 멀고 추워서 자기 혼자 가야겠다며 아빠가 불쑥 떠나버리고, 공연을 하러 가야 한다며 새아빠 링컨이 일하는 술집 앞에 메이지를 두고 엄마가 떠나던 날이었다. 그

날 술집 직원이 살고 있는 방 침대에서 잠이 깬 메이지는 자신을 찾으러 올 사람이 없다는 것을 깨닫고 눈물을 흘린다. 부모가 있지만 자신을 돌봐줄 사람은 없고, 자신의 방이 두 개나 있지만 돌아갈 곳이 없다.

메이지가 처음으로 눈물을 흘렸던 그 순간은 어른들에 대한 모든 신뢰가 무너지고 철저히 홀로 남겨진 때다. 그날 밤은 메이지가 돌아갈 집이 없는 거리의 아동이 되는 순간이기도 하다. 집과 가족이 세상의 전부이고 스스로 결정할 수 있는 것이 별로 없는 한 아이가 집도 가족도 없이 남겨지는 가장 취약하고 위태로워지는 시간이다.

많은 부모가 자식의 손을 놓는다. 그리고 많은 아이가 부모의 손을 떠난다. 경제적 이유, 불화, 가정 폭력 등 다양한 이유로 부모와 아이들은 헤어진다. 메이지가 처음 눈물 흘리던 그날처럼 이 아이들도 가장 취약하고 위태로워지는 그 순간을 맞이한다. 그때 아이들 옆에 있는 사람이 누구인지, 누가 아이들의 손을 잡아줄 것인지가 너무도 중요하다. 홀로 남겨졌던 그 날 이후 마고가 메이지를 찾아와 손을 내밀어 주고, 메이지가 마고의 손을 잡고 함께 길을 떠났던 것처럼 말이다.

메이지를 돌보지 않고 무책임하게 행동하는 엄마 수잔에게 링컨이 말한다. "당신은 메이지에게 자격이 없어.(You don't deserve her.)" 링컨은 메이지와 함께하는 일이 희생과 의무만이 아니라는 것을 알고 있다. 그래서 수잔에게는 메이지와 함께하는 행복을 누릴 자격이 없다는 것을 알고 있다.

인도의 한 입양 장려 포스터는 '입양하세요. 당신이 줄 수 있는 것보다 더 많은 것을 받게 될 거예요(Adopt, You will receive more than you can ever give)'라는 문장과 함께 아이가 아기처럼 작아진 성인을 품에 꼭 안고 따뜻하게 웃는 장면을 담고 있다. 메이지, 마고, 링컨은 서로를 통해 더 큰 세상을 경험하고 사랑을 실천하는 존재로 성장한다. 그들은 서로의 인생을 응원하며 서로를 꼭 껴안는다. 서로가 서로에게 가치 있는 존재이며 서로를 돌보는 존재라는 것, 그래서 함께일 때 더 행복해진다는 것을 그들은 알고 있다.

한 걸음 더 들어가기 ⤵

아이들에게 행복의 잔을 들이마시고 어른을 신뢰할 자유를 주어야 합니다.

야누시 코르차크, '야누시 코르차크의 아이들'

수많은 이유로 집 밖에 나와 있는 우리나라 아동, 청소년의 수가 20~30만 명에 이른다. 이 아이들이 처음으로 잘 곳과 먹을 곳도 없는 절박한 상황, 생존의 위협에 놓였을 때 아이들 옆에 있었던 사람은 누구일까? 청소년기의 단순한 일탈로 생각하거나 집안에서 해결해야 할 일로 취급하기에는 집 밖에 있는 아이들의 수가 지나치게 많고 그 아이들이 겪게 될 위험도 매우 크다.

마고와 링컨이 알고 있었던 것처럼 우리도 기억해야 한다. 아이들과 함께한다는 것은 희생이나 의무가 아니라 함께 행복해지는 것, 세상이 더 좋아지는 것임을 말이다. 유엔아동권리위원회는 2019년 대한민국 정부 심의 이후 아동이 가출하는 사유를 찾고 이를 예방하고 근절하기 위한 노력과 가출 청소년의 보호를 강화할 것을 대한민국에 권고한 바 있다. 아이들에게 사회는 안전하고 편안하게 생활할 수 있는 또 다른 집이 되어야 한다. 사회는 이 아이들과 함께 살 자격을 갖추어야 한다.

생각을 더하기 위한 활동 🔎

◉ 영화 〈메이지가 알고 있었던 일〉은 아동 양육을 '혈연가족'의 일로만 맡겨두었을 때 생길 수 있는 일에 대해 보여주고 있다. 메이지와 마고, 링컨을 어떤 이름으로 불러야 하는지는 중요하지 않을 것이다. 다음은 다양한 모습의 가족에 대한 생각과 상상을 돕는 영화들이다.

초콜렛 도넛 | 트레비스 파인 감독, 2012

어느 가족 | 고레에다 히로카즈 감독. 2018

이 선 영

가장 작은 자를 위한 약속

초판 1쇄   2020년 7월 27일
     2쇄   2021년 6월 21일

지 은 이 _ 김인숙, 이선영
펴 낸 이 _ 이태형
펴 낸 곳 _ 국민북스
편   집 _ 김태현
디 자 인 _ 서재형

등록번호 _ 제406-2015-000064호
등록일자 _ 2015년 4월 30일

주   소 _ 경기도 파주시 와석순환로 307, 1106-601 우편번호 10892
전   화 _ 031-943-0701
팩   스 _ 031-942-0701
이 메 일 _ kirok21@naver.com
ISBN 979-11-88125-33-3 03330